Abschlussprüfung Deutsch

Berufsschule Baden-Württemberg

Arbeitsheft mit Lösungen

Herausgegeben von
Martina Schulz-Hamann

Erarbeitet von
Michael Bach, Martina Schulz-Hamann

INHALTSÜBERSICHT

■ Hören   ■ Sachtexte   ■ Literarische Texte   ■ Grundlagenwissen

Hören ■ Sachtexte ■ Literarische Texte ■ Grundlagenwissen

Startklar für die Prüfung

Sie stehen vor Ihrer schriftlichen Abschlussprüfung im Fach Deutsch und haben mit diesem Arbeitsheft die Möglichkeit, sich gezielt auf die Prüfung vorzubereiten. Lesen Sie zunächst diese und die nächste Seite zu „Startklar für die Prüfung". Hier finden Sie Antworten auf die folgenden drängenden Fragen:

- Wie sieht die Prüfung aus?
- Was wird in der Prüfung von mir verlangt?
- Wie läuft die Prüfung ab?
- Wie wird die Prüfung bewertet?

Wie sieht die Prüfung aus?

Auszubildende der dreijährigen Ausbildungsberufe wählen zwischen zwei Prüfungsaufgaben, die auf unterschiedlichen Textgrundlagen basieren: einem Sachtext oder einem literarischen Text. Machen Sie eine zweijährige Ausbildung, dann entfällt für Sie die Wahl. Sie bearbeiten nur eine Prüfungsaufgabe auf der Grundlage eines Sachtextes.

Dreijährige Ausbildungsberufe	Zweijährige Ausbildungsberufe
Sachtext - aktuelle informierende Texte (Bericht, Nachricht, Interview, Reportage) oder kommentierende Texte (Kommentar, Glosse) - Themen aus der Arbeits- und Berufswelt oder Ihrem gesellschaftlichen Umfeld - themenähnliche Schaubilder und Diagramme können die Textgrundlagen begleiten	
oder:	
Literarischer Text - kurze Texte (vor allem Kurzgeschichten, aber auch Auszüge aus Romanen oder Erzählungen)	

Info
Neben gedruckten Texten können auch Hörtexte vorkommen.

Jede Prüfung besteht aus zwei Prüfungsteilen:

Teil 1 – **Textverständnis und Sprachgebrauch**	50 % der Prüfungsnote
Teil 2 – **Schreibaufgabe**	50 % der Prüfungsnote

Was wird in der Prüfung von mir verlangt?

Teil 1 – Textverständnis und Sprachgebrauch

In diesem Teil erbringen Sie den Nachweis, dass Sie Texte verstehen, ihnen gezielt Informationen entnehmen und diese miteinander in Beziehung setzen können. Darüber hinaus machen Sie deutlich, dass Sie die grundlegenden Regeln der Rechtschreibung, Zeichensetzung und Grammatik kennen und richtig anwenden. Wird Ihnen ein Hörtext

Lösungen zum Arbeitsheft „Abschlussprüfung Deutsch Berufsschule Baden-Württemberg"

Kapitel 1
Einen Hörtext verstehen und in einer E-Mail von ähnlichen Erfahrungen berichten

Seite 8

Aufgabe 1

a) r	b)	c)	d) r	e)	f) r	g) r	h)

Aufgabe 2

a)	b) r	c) r	d)	e) r

Seite 9

Aufgabe 3

a) r	b)	c) r	d) r

Aufgabe 4

1. Satz: Junge Autofahrer sind risikobereiter und unerfahrener als ältere Autofahrer und verursachen deshalb mehr Unfälle.
2. Satz: Autovermieter und Carsharing-Firmen behandeln junge und ältere Autofahrer unterschiedlich.
3. Satz: Junge Autofahrer sollten sich, bevor sie ein Auto anmieten, genau über die Vertragsbedingungen informieren.

Aufgabe 5

c) Große Wagen aus dem Luxussegment bekommen sie <u>richtigerweise</u> überhaupt noch nicht überlassen.
d) <u>Ich finde</u> die Lösung <u>besonders gut</u>, bei der die Fahranfänger obligatorisch ein Sicherheitspaket abschließen müssen.

Seite 10

Aufgabe 6

a) da**ss**; eingeschr**ä**nkt; Spezielle; **F**ahren; pra**k**tischer
b) ungefähr ~~rund~~; Bereits ~~schon~~ ; **einzige**; anders **als**

Seite 12

Aufgabe 1
Junge und ältere Menschen werden beim Mieten von Autos unterschiedlich behandelt.

Aufgabe 2
z. B.: Ja, ich halte sie für vertretbar, weil die unterschiedliche Fahrpraxis und die unterschiedlich hohe Risikobereitschaft berücksichtigt werden müssen.
z. B.: Nein, ich halte sie nicht für vertretbar, weil das Alter keine zu verallgemeinernden Rückschlüsse auf Fahrkönnen und Risikobereitschaft zulässt.

Aufgabe 3
Alltag, z. B.: Autoversicherung, Krankenversicherung, Eintrittspreise, Fahrscheine
Ausbildung und Beruf, z. B.: Gehalt/Lohn, Kündigungsschutz, Urlaub, Beteiligung bei Entscheidungsfindungen

Aufgabe 4
Eintrittspreise/Fahrscheine: Rentner/Pensionäre erhalten reduzierte/freie Eintritte und Fahrscheine, obwohl sie manchmal finanziell besser gestellt sind als Arbeitnehmer.

Aufgabe 5
a) Deutschlandfunk
b) Der Beitrag soll junge Menschen ansprechen; er soll ein Folgebeitrag sein und über einen konkreten Fall berichten.

Seite 13

c) Sie sollte sachlich sein, aber darf jugendgemäße Ausdrücke enthalten, jedoch keinen Jugendslang.
d) Im Alter billiger? Fahrpreisvergünstigungen im Rentenalter
e) Im Beitrag soll von einem weiteren konkreten Fall von ungleicher Behandlung junger und älterer Menschen im Alltag berichtet werden.

Aufgabe 2

Muster:

Betreff: Im Alter billiger? Fahrpreisvergünstigungen im Rentenalter

Sehr geehrte Redaktion,

in Ihrer letzten Sendung berichteten Sie über die ungleiche Behandlung von jungen und älteren Menschen bei der Anmietung von Autos. Dieser Beitrag hat mich so angesprochen, dass ich Ihrer Bitte, über weitere Fälle von Ungleichbehandlung zu berichten, gerne nachkomme.

Ich fahre mit meinen Freunden am Wochenende oft in die Berge zum Wandern. Schon am Bahnhof begegnen uns viele Gruppen von Rentnerinnen und Rentnern, die Bahnfahrkarten zum halben Preis lösen. Am Zielort angekommen, sehen wir die gleichen Personengruppen, wie sie an den Kassen der Seilbahnen üppige Ermäßigungen erhalten. Wir dagegen, junge Menschen kurz nach der Ausbildung, bezahlen in beiden Fällen den vollen Betrag.

Sicherlich, es gibt viele ältere Menschen, die von einer ziemlich dürftigen Rente leben müssen. Viele haben ein Leben lang gearbeitet und im Rentenalter das Recht, sich einmal etwas zu leisten. Wenn diese Menschen Ermäßigungen erhalten, dann ist das nur berechtigt. Allerdings sind zahlreiche Rentnerinnen und Rentner bestens ausgerüstet, haben die neuesten Jacken und Schuhe und das beste Equipment. Wir dagegen bekommen nach der Ausbildung nur ein eher bescheidenes Anfangsgehalt, gehören aber nicht mehr zur Gruppe der Schüler und/oder Studenten.

Würde man das verfügbare Einkommen als Grundlage für Ermäßigungen nehmen, fände ich das gerechtfertigt. Das ist jedoch nicht der Fall. In Deutschland steigt der Anteil der älteren Menschen, sodass die Gruppe der über 65-Jährigen gesellschaftlich eine große Macht besitzt – als potenzielle Wähler. Durch Fahrpreis- und Eintrittsermäßigungen wird diese Altersgruppe bei Laune gehalten.

Bedenkt man, dass die Schere zwischen Arm und Reich hierzulande seit 50 Jahren nicht mehr so groß gewesen ist wie heutzutage, sollte man zu der Erkenntnis gelangen, dass bei Fahrpreisermäßigungen soziale Faktoren eine viel größere Rolle spielen müssen. Es geht mir nicht in erster Linie um mich und meine Freunde – wir legen das nötige Geld zurück, und wenn wir es nicht zur Verfügung haben, verzichten wir auf die Wanderung und beschäftigen uns auf andere Weise. Ich sorge mich vielmehr um die alleinerziehende Mutter mit drei Kindern, um die sozial Schwächeren im Arbeitsleben, die auch ein Recht auf Bahn und Berge haben und die man fast nie an den Seilbahnen trifft.

Darüber sollten Sie, sehr geehrte Redaktion, einmal berichten. Die Seniorenermäßigungen halte ich für deutlich weniger gerecht als die Unterschiede bei der Autoanmietung, wo Sonderbedingungen für ältere Menschen eher nachvollziehbar sind.

Mit freundlichen Grüßen

Kapitel 2
Einen Sachtext verstehen und zusammenfassen

Seite 17

Aufgabe 1

a) r	b)	c)	d) r	e)	f)	g) r	h)

Aufgabe 2

„Vor allem mittelständische Unternehmen spüren den Mangel zunehmend." (Z. 6)

„[...] dass es bei dem Staatsunternehmen Deutsche Bahn und bei der Deutschen Telekom ebenfalls Hilfsprogramme für leistungsschwache Azubis gibt." (Z. 45 ff.)

„Pitsch lobt die gute Zusammenarbeit vor allem mit den Mittelschulen der Gegend. ,Die sind oft hoch engagiert bei der Betreuung und Unterstützung der Schüler', sagt er." (Z. 78 ff.)

Aufgabe 3

Ursache	Folge
Es gibt immer weniger Bewerber für Ausbildungsplätze.	a)
Der Konkurrenzkampf um die Auszubildenden nimmt zu.	e)
Viele Auszubildende haben ein immer geringeres Wissen.	f)
Die Schülerzahlen sinken seit Jahren.	c)

Seite 18

Aufgabe 4

Wir stehen in immer größerer Konkurrenz mit Firmen aus aller Welt.

Die Gruppe der schwachen Jugendlichen, die Extrahilfe benötigen, ist groß.

Die Situation wird schlimmer. / Die Situation verschlimmert sich.

Aufgabe 5

Investition in Mitarbeiter: Förderung und Weiterbildung der Mitarbeiter

produktionsorientiert: auf die Herstellung von Waren ausgerichtet

Personalplanung: Planung der Anzahl und des Einsatzes von Mitarbeitern und Mitarbeiterinnen

Aufgabe 6

Z. 2 dass: Konjunktion

Z. 15 Das: Demonstrativpronomen

Z. 17 das: Artikel

Z. 18 das: Relativpronomen

Z. 24 das: Demonstrativpronomen

Seite 19

Aufgabe 7

Das Thema, das der Text anspricht, kenne ich aus meinem Betrieb. Ich bin aber nicht der Meinung, dass die Leistungen der Azubis nachgelassen haben. Das ist nicht das Problem.

Dass das innerbetriebliche Lernen zugenommen hat, das kann niemand bestreiten. Das liegt meiner Meinung nach aber daran, dass die Anforderungen während der Ausbildung gestiegen sind.

Seite 20

Die Zusammenfassung vorbereiten

Aufgabe 1

a) z. B.: Warum gibt es immer weniger Auszubildende in Deutschland? Wer spürt den Azubi-Mangel am meisten? Wie versuchen mittelständische Unternehmen das Problem zu lösen? Warum ist die Investition in Mitarbeiter für mittelständische Unternehmen so wichtig? Wie sieht die Extrahilfe für schwache Jugendliche aus? Warum sind viele Schulabgänger nicht für eine duale Ausbildung geeignet?

Seite 21

b) Schlüsselwörter: z. B. Azubi-Mangel, lernschwache Schüler/-innen, mittelständische Betriebe, Konkurrenzkampf, inner- und außerbetriebliche Hilfsangebote für lernschwache Jugendliche, Chancen für Schwächere, Nachwuchsanwerbung

Aufgabe 2

a) Es gibt immer weniger Bewerbungen; 90 Prozent der Schulabgänger/-innen beginnen eine Ausbildung in mittelständischen Unternehmen.

b) Sie haben eine Chance, eingestellt zu werden. Immer mehr Unternehmen vermitteln innerbetrieblich fehlendes Wissen.

c) Die Firma steht stellvertretend für die neue Vorgehensweise mittelständischer Unternehmen bei der Suche nach Auszubildenden.

d) Chancen für die Firmen: Sie finden Auszubildende und können sie passgenau fördern.

Chancen für die Jugendlichen: Sie erhalten eine Ausbildungsstelle, schaffen den Abschluss und erhalten Tipps bei der Ausbildungs-/Berufswahl.

Aufgabe 3

Bärbel Brockmann informiert in dem Zeitungsartikel „Es schlägt die Stunde der Schwächeren", der am 9. Februar 2017 in der Süddeutschen Zeitung erschienen ist, über die Folgen des Auszubildendenmangels in Deutschland.

Seite 22

Aufgabe 4

Der Azubi-Mangel zwingt vor allem mittelständische Unternehmen dazu, bei der Suche nach Auszubildenden neue Wege zu gehen und auch schwächere Jugendliche auszubilden sowie betriebsintern zu fördern.

Aufgabe 5

z. B.: Rückgang der Azubi-Zahl und Zunahme der Zahl lernschwacher Jugendlicher, Auswirkungen auf mittelständische Unternehmen (Konkurrenzkampf um Azubis), Chancen für schwächere Schulabgänger/-innen, neues Konzept der Unternehmen (betriebsinterne Förderkonzepte), auch Zunahme außerbetrieblicher Fördermaßnahmen, Nachwuchsanwerbung an den Schulen, Grundproblem bleibt bestehen: fehlendes Wissen der Schulabgänger/-innen

Die Schreibaufgabe lösen

Aufgabe 2

Muster:

Bärbel Brockmann informiert in dem Zeitungsartikel „Es schlägt die Stunde der Schwächeren", der am 9. Februar 2017 in der Süddeutschen Zeitung erschienen ist, über die Folgen des Auszubildendenmangels in Deutschland.
Die Zahl der Bewerberinnen und Bewerber sei in Deutschland drastisch zurückgegangen. Darunter litten vor allem die mittelständischen Unternehmen, da sie den größten Teil der jungen Menschen ausbildeten. Als Gründe für diesen Rückgang nennt Frau Brockmann die sinkenden Schülerzahlen, darüber hinaus aber auch die Tatsache, dass sich immer mehr junge Menschen für ein Studium entscheiden.
Diese Situation führe zu einem Konkurrenzkampf zwischen den Unternehmen um die jungen Menschen. Für die Bewerberinnen und Bewerber um diese Ausbildungsplätze ergebe sich daraus jedoch eine positive Situation: Sie können sich nach Aussage der Autorin ihren zukünftigen Ausbildungsbetrieb aussuchen. Vor allem für leistungsschwächere Jugendliche bedeute das eine größere Chance auf eine Ausbildungsstelle. Denn im Wettbewerb um neue Lehrlinge bieten, so die Autorin, viele Firmen innerbetriebliche Nachhilfen an, durch die der schulische Stoff, der den Jugendlichen fehlt, während der Ausbildung vermittelt wird.
Am Beispiel der fränkischen Firma Kurtz Ersa zeigt Bärbel Brockmann konkret, wie diese neue Form der Rekrutierung von Auszubildenden funktioniert. Junge Menschen, die nicht das nötige Schulwissen haben oder deren Deutschkenntnisse noch nicht genügend entwickelt sind, werden ausgebildet und persönlich während ihrer Ausbildung betreut. Für die Firma Kurtz Ersa sei das einerseits eine Werbemaßnahme für spätere Jahre, andererseits ließen sich auf diese Weise gute Mitarbeiter ausbilden, die auch den Abschluss auf jeden Fall schaffen würden. Die hier angeführten Maßnahmen gibt es nach Aussage der Autorin auch bei Großbetrieben, die sich eine Personalplanung von vornherein leisten können.
Die Situation auf dem Lehrstellenmarkt spitze sich weiter zu, da die Gruppe der leistungsschwachen Jugendlichen immer größer werde. Das führe zu weiteren Maßnahmen zur Förderung potenzieller Auszubildenden, so z. B. zur Ausdehnung außerbetrieblicher Hilfsmaßnahmen. Betriebe wie die Firma Kampf aus Nordrhein-Westfalen nutzten den betriebsinternen Lehrunterricht, um die Stärken ihrer Lehrlinge zu erkennen und die jungen Menschen behutsam ins Arbeitsleben zu geleiten. Oder aber diese Firmen gehen, so Bärbel Brockmann, direkt an die Schulen, um Nachwuchs zu suchen.
Viele Schulabgänger mit mittlerem Bildungsabschluss, so das ernüchternde Fazit des Textes, seien allerdings trotz aller Bemühungen zu schwach für eine duale Ausbildung.

Kapitel 3
Ein Interview verstehen und dazu einen informierenden Text verfassen

Aufgabe 1

a) r	b) r	c) r	d)	e)	f) r	g)	h)

Aufgabe 2

a) r	b)	c) r	d)	e) r	f)

Aufgabe 3

a) Unsere Berufswahl verrät sehr viel über unsere Persönlichkeit und unseren Charakter.

b) In jedem Beruf erweist man anderen Menschen auf irgendeine Weise einen Dienst.

c) Es muss überlegt werden, was Arbeiten in Zukunft bedeutet.

Aufgabe 4

a) Viele Berufe werden überflüssig. Eine Identifizierung ausschließlich über die Arbeit ist nicht mehr möglich. Nicht jede/jeder erhält einen Job.

b) Neue Arbeitsformen: Auch die Pflege und Betreuung von Angehörigen ist beispielsweise Arbeit und muss entlohnt werden.

Aufgabe 5

Sachliche Frage: Wie muss sich die Rolle der Arbeit verändern?
Erklärung: W-Frage (Fragesatz)
Wertende Fragen: Eigentlich arbeiten wir aber doch, um Geld zu verdienen. Reicht das nicht aus? Ich nehme die Kohle und der Rest ist mir egal?
Erklärung: Aussagen werden als Frage verpackt (Aussagesatz mit Fragezeichen).

Aufgabe 6

a) z. B.: Die Arbeit der Zukunft wird sich verändern, da/sobald/wenn in der Zukunft viele Menschen durch Maschinen ersetzt werden.

b) z. B.: Schulen nehmen ihren Erziehungsauftrag ernst, indem/wenn/sobald sie Berufsberater in die Schule einladen.

c) z. B.: Menschen, die mit Leidenschaft arbeiten, arbeiten besser, obwohl sie weniger verdienen als ihre Kollegen.

Aufgabe 1

individuelle Lösung

Aufgabe 2

Zum Beispiel (öffentliche Verwaltung etc.):

Typische Tätigkeit	verlangt folgende Kenntnisse und Fähigkeiten
Kundengespräch	gute Gesprächstechnik, sich auf Gesprächspartner/-in einstellen können
Reklamationen bearbeiten	Gelassenheit, Durchsetzungsvermögen
Mitschrift bei Versammlungen	schnelle Auffassungsgabe, gute Sprachkenntnisse

Aufgabe 3

Zum Beispiel (öffentliche Verwaltung etc.):

Tätigkeit	Begründung
Kundengespräch	Man hat mit anderen Leuten zu tun; es ist eine vielfältige und abwechslungsreiche Tätigkeit
Anträge bearbeiten	Kerngeschäft des Berufs; man kann sein Wissen anwenden
Mitschrift bei Versammlungen	interessante Themen, abwechslungsreiche Tätigkeit, zum Teil auch Herausforderung

Aufgabe 4

Zum Beispiel (Verkäufer/-in):
1. Eigenschaft: Belastbarkeit
Begründung: Der Ausbildungsberuf verlangt immer wieder körperliche Arbeit, zum Teil müssen auch schwere Waren transportiert werden.
2. Eigenschaft: kommunikative Fähigkeiten
Begründung: Der Ausbildungsberuf ist stark auf die Kundschaft ausgerichtet. Deshalb sollte man gerne mit anderen Menschen reden.

Aufgabe 5

a) z. B.: Welche Aufstiegschancen hat man in diesem Beruf?
Wie sicher ist meine spätere Arbeitsstelle?

b) 1. Tipp: Strenge dich während der Ausbildung an, damit du anschließend weiterbeschäftigt wirst.

2. Tipp: Versuche, alle Bereiche deines Ausbildungsberufs kennenzulernen.

3. Tipp: Prüfe während der Ausbildung genau, wo deine Stärken liegen und wie du sie einbringen kannst.

Die Schreibaufgabe lösen

Aufgabe 2

Muster:

Was sind die Aufgaben in Ihrem Beruf?

Als Verkäufer muss ich verschiedene Aufgaben erledigen: Zunächst muss ich die Kasse bedienen können. Darüber hinaus muss ich dafür sorgen, dass immer genügend Produkte in den Regalen zu finden sind, gegebenenfalls muss ich die Regale nachfüllen. Eine der wichtigsten Tätigkeiten ist allerdings die Kundenberatung. Ich muss den Käuferinnen und Käufern zeigen, wo sie die Produkte finden, und ich muss ihnen bei der Produktwahl helfen beziehungsweise muss sie zu einzelnen Produkten beraten können. Eine wichtige Aufgabe ist auch das Nachbestellen fehlender Waren.

Wie sieht ein typischer Tagesablauf in Ihrem Beruf aus?

Ich komme schon zeitig vor Ladenöffnung und bereite mich auf den Arbeitstag vor. Ich schaue, dass alle Regale gut bestückt sind, und melde mich am Kassensystem an. In den ersten Stunden, während der Haupteinkaufszeit, bediene ich die Kasse. Später schließe ich die Kasse und kümmere mich um das Nachfüllen der Regale. Während dieser Zeit habe ich auch immer Kundenkontakt. Ich behalte die Kundschaft im Auge, helfe bei der Suche nach bestimmten Waren und beantworte Fragen. Die Nachbestellung fehlender Waren erfolgt wie der Kassenabschluss in der Regel nach Ladenschluss.

Welche Kenntnisse und Fähigkeiten werden verlangt?

Vor allem drei Punkte finde ich wichtig: In meinem Beruf als Verkäufer sollte man gute kommunikative Fähigkeiten besitzen. Man wird häufig während der Arbeitszeit von Kunden angesprochen, sollte deshalb aufgeschlossen sein und gerne mit Menschen reden. Man sollte geduldig sein und über das Warensortiment Bescheid wissen. Es ist nicht immer leicht, die Wünsche der Kundschaft zu erfüllen. Da hilft es, freundlich zu bleiben und mit Fachwissen zu überzeugen. Darüber hinaus sollte man belastbar sein, vor allem körperlich. Die Paletten und Waren, die man transportieren beziehungsweise in die Regale einsortieren muss, sind zum Teil sehr schwer.

Weitere Tipps für Auszubildende

Versuche, während der Ausbildung möglichst viele verschiedene Bereiche kennenzulernen. Achte dabei genau darauf, wo deine Stärken liegen. Das sorgt für Abwechslung während des Tagesablaufs und erleichtert dir die Arbeit. Strenge dich an und bringe dich von Anfang an in dein Arbeitsteam ein. Der Rückhalt im Team hilft dir später weiter – vielleicht wirst du übernommen oder deine Ausbildung dient dir als Sprungbrett, um eine gute Position in anderen Betrieben zu bekommen.

Kapitel 4
Einen Zeitungsartikel mit Schaubildern verstehen und als Argumentationsgrundlage nutzen

Seite 33

Aufgabe 1

a)	b) r	c) r	d)	e)	f) r	g) r	h)

Seite 34

Aufgabe 2

Thomas Krüger: Es ist besorgniserregend, dass ein Drittel der Bundesbürger Kindern und Jugendlichen so wenig Demokratiefähigkeit zutraut; Ausdruck des eigenen fehlenden Glaubens an Demokratie (Z. 34 ff.)

Klaus Hurrelmann: Es ist überraschend, dass das Vertrauen in die Demokratiefähigkeit der Kinder und Jugendlichen so groß ist; bewertet dies positiv (Z. 41 f.)

Aufgabe 3

das Verstehen politischer Zusammenhänge

Aufgabe 4

„Krüger appellierte an die Kultusminister, den Fächern Geschichte, Sozialkunde, Politik wieder einen größeren Platz auf dem Stundenplan einzuräumen." (Z. 51 f.)

Aufgabe 5

a)	b) r	c) r	d) r	e)	f)	g) r

Seite 35

Aufgabe 6

a) Das zeigen die Ergebnisse des „Kinderreports Deutschland 2017".

b) Krüger, der hauptberuflich die Bundeszentrale für politische Bildung leitet, sprach sich dafür aus ...

c) Gesellschaftskunde sei aber ein sehr wichtiges Fach.

Aufgabe 7

Thomas Krüger sagt: „Darin spiegelt sich der eigene fehlende Glaube an die Demokratie wider, der auf die Kinder und Jugendlichen übertragen wird."

Thomas Krüger mahnt: „Der Unterricht in den Schulen darf nicht nur dem Homo oeconomicus dienen."

Aufgabe 8

Heinz Galinski hat einmal gesagt, die Demokratie könne man keiner Gesellschaft aufzwingen. Sie müsse täglich erkämpft und verteidigt werden.

Er sagte der Deutschen Presseagentur, es sei überraschend, dass das Vertrauen in die Jugend so groß ist/sei.

Seite 37

Aufgabe 1

Auftraggeber: Deutsches Kinderhilfswerk; über 1 000 Erwachsene wurden befragt

Aufgabe 2

a) Vertrauen die Erwachsenen der Demokratiekompetenz der Kinder und Jugendlichen?

b) Bei den Schaubildern geht es nicht um Einschätzungen, sondern um Lösungen: Wer vermittelt Demokratiekompetenz und wie lässt sie sich fördern?

Seite 38

Aufgabe 3

Ergebnisse des Textes:

1. Ein Drittel der befragten Erwachsenen zweifelt an der Demokratiekompetenz der Jugend.

2. Vor allem ärmere Bevölkerungsgruppen, jüngere Erwachsene und Anhänger radikaler Parteien beurteilen die Jugend besonders skeptisch.

3. Geisteswissenschaftliche Fächer dürfen nicht zugunsten der Mint-Fächer geschwächt werden.

Ergebnisse der Schaubilder:

1. Familie und Schule werden mit weitem Abstand als die für die Demokratieerziehung wichtigen Instanzen genannt.

2. Politische Bildung muss immer Teil der öffentlichen Erziehung sein.

3. Die Stärkung der Kinder- und Jugendrechte führt zu einer höheren Demokratiekompetenz der Jugend.

Aufgabe 4

z. B.: Mich stimmt nachdenklich, dass eigene Demokratievorbehalte der Erwachsenen auf die Jugend über-

tragen werden. Dies bedeutet, dass die Demokratiekompetenz der Gesamtbevölkerung nicht allzu hoch entwickelt ist.

Aufgabe 5

Mehr Geld für die Kinder- und Jugendarbeit
(92 Prozent)
Stärkung des Gesellschaftskundeunterrichts
(89 Prozent)

Seite 39

Aufgabe 6

Argument 1: Eine Stärkung des Gemeinschaftskundeunterrichts ist wichtig, weil in diesem Fach die Grundlagen der Demokratie gelehrt werden.

Argument 2: Der Gemeinschaftskundeunterricht muss gestärkt werden, weil der demokratische Staat die Aufgabe hat, die Demokratiekompetenz seiner Bürger/-innen zu fördern.

Argument 3: Die Schule hat die Aufgabe, auf das Leben in der Gesellschaft vorzubereiten. Deshalb ist die Erweiterung der Demokratiekompetenz junger Menschen eine wichtige Aufgabe. Das gelingt aber nur mit einer Stärkung des Gemeinschaftskundeunterrichts.

Aufgabe 7

z. B. Argument 1: Ob nun Meinungsvielfalt oder Pressefreiheit, ob Mitwirkungsrechte oder Methoden der Manipulation angesprochen werden, alle diese Themen spielen in einer Zeit der gesellschaftlichen Umbrüche eine große Rolle. Und wo, wenn nicht in der Schule, können junge Menschen so für das Leben und den Beruf fit gemacht werden?

Aufgabe 8

a) an Young Democracy (Internetgruppe)

b) wurde von engagierten Jugendlichen gegründet; Diskussionsplattform für junge Menschen mit dem Ziel, das Demokratieverständnis zu fördern

c) sachliche, aber engagierte Sprache; jugendlich, aber kein Jugendslang

Seite 40

d) Stärkung des Gemeinschaftskundeunterrichts an der beruflichen Schule

e) z. B.: Bedeutung des Gemeinschaftskundeunterrichts aufzeigen; Diskussion über die Bedeutung der Demokratie; Jugendliche aufrütteln, sich der Bedeutung von Demokratie bewusst(er) zu werden

Die Schreibaufgabe lösen

Aufgabe 2

Muster:

An: info@youngdemocracy.de

Betreff: Stärkung des Gemeinschaftskundeunterrichts an der beruflichen Schule

Hallo liebe Mitarbeiterinnen und Mitarbeiter von Young Democracy,

gerne komme ich eurer Bitte nach, zu eurem Vorschlag, den Gemeinschaftskundeunterricht an der beruflichen Schule zu stärken, Stellung zu nehmen.

Wie euch haben auch mich die Ergebnisse der Umfrage des Kinderhilfswerks nachdenklich gestimmt. Dass ein Drittel der Befragten, vor allem aber jüngere Erwachsene, an der Demokratiekompetenz junger Menschen zweifelt, finde ich erschreckend. Diese Zahl scheint mir jedoch sehr realistisch zu sein, das bekomme ich bei verschiedenen Diskussionen in meinem Bekanntenkreis immer wieder mit. Deshalb muss unbedingt etwas zur Stärkung des Demokratiebewusstseins getan werden. Euren Vorschlag, den Gemeinschaftskundeunterricht an den beruflichen Schulen zu stärken, finde ich in diesem Zusammenhang sehr sinnvoll.

Zwar zeigt die Studie, dass die meisten Befragten die Familie als die Gruppe sehen, die eigentlich für die Demokratieerziehung zuständig ist. Aber wie den Worten des in der Studie zitierten Leiters der Bundeszentrale für politische Bildung, Herrn Thomas Krüger, indirekt zu entnehmen ist, ist es um die Demokratiefähigkeit der erwachsenen Bevölkerung auch nicht besonders gut bestellt. Deshalb muss der Staat – und stellvertretend die Schulen – diese Aufgabe übernehmen. (Zudem werden die Schulen in der Studie ja auch als wichtige Instanz für die Demokratieerziehung genannt.) Der demokratische Staat muss dafür sorgen, dass die Demokratiekompetenz seiner Bürgerinnen und Bürger entwickelt und gestärkt wird. Das steht übrigens so auch in der Landesverfassung.

Aber vor allem an beruflichen Schulen führt der Gemeinschaftskundeunterricht ein eher kümmerliches Dasein. Dabei werden gerade in diesem Fach die Grundlagen der Demokratie vermittelt, Grundlagen, die im Alter von 18 Jahren – und die meisten Berufsschülerinnen und -schüler sind in diesem Alter – eine ganz neue Bedeutung bekommen. Gerade in der beruflichen Schule, deren Unterricht eng verzahnt ist mit dem Arbeitsalltag, werden die Basics demokratischen Lebens besonders relevant. Wo, wenn nicht hier, wird die Schule ihrer wichtigsten Aufgabe, uns junge Menschen auf das Leben vorzubereiten, gerecht? Für ein Leben in einer demokratischen Gesellschaft ist es aber unbedingt notwendig, demokratisch zu denken und demokratisch zu handeln. Um diese Fähigkeiten zu erlernen und auszubauen, ist der Gemeinschaftskundeunterricht in stärkerem Maße als bisher vonnöten.

Deshalb unterstütze ich eure Forderung nach einer Stärkung dieses Faches – quantitativ und qualitativ – vorbehaltlos.

Ich verfolge eure Arbeit mit großem Interesse und bin schon gespannt auf eure nächsten Thermen und Kampagnen.

Herzliche Grüße

Kapitel 5
Einen Kommentar verstehen und dazu in einem Leserbrief Stellung nehmen

Seite 42

Aufgabe 1

a)	b) r	c)	d)	e) r	f) r	g)

Seite 43

Aufgabe 2

a)	b)	c) x	d) x	e)	f) x

Aufgabe 3

Statistische Angaben können den Menschen ihre Ängste nicht nehmen und sie nicht davon abhalten, intuitiv zu handeln.

Da unsere Welt ohne Technik nicht mehr denkbar ist, wäre es hilfreich, wenn die Menschen mehr mit dem Verstand entscheiden würden.

Aufgabe 4

Ich werfe **Ihnen** vor, dass **Sie** die Menschen zu einfach beschreiben. **Sie** behaupten, dass den Menschen Technik egal ist. Ich halte das für falsch, denn **Sie** vergessen, wie wichtig die Technik für viele ist. Deshalb meine ich, dass **Sie** unrecht haben.

Außerdem sind die Lehrer gar nicht so schlecht. **Sie** aber kritisieren **ihren** Unterricht und werfen **ihnen** vor, dass **sie** im Unterricht kaum technisches Wissen vermitteln. Aber die Lehrer tun, was **sie** können, **sie** tun, was von **ihnen** verlangt wird.

Seite 44

Aufgabe 5

Natürlich bedachten die Techniker, welche Risiken entstehen können.

In den Schulen vermitteln die Lehrkräfte stärker als bisher, welche Bedeutung die technische Entwicklung hat.

Seite 46

Aufgabe 1

a) „Trotzdem geben in der Bertelsmann-Studie zwei Drittel der Befragten an, sie würden der Technik misstrauen." (Z. 22 f.)

„Der Einzelne sollte versuchen, in solchen Fragen eher informierte Entscheidungen zu treffen." (Z. 47 f.)

„Und summa summarum hat die Evolution der Technik den Menschen mehr Gutes als Nachteile gebracht [...]" (Z. 43 ff.)

b) siehe Tabelle unten

Textaussage	Argument	Beispiel
„Wenn es um technischen Fortschritt geht, vertrauen Menschen eher ihren Gefühlen als den Fakten."	Der Mensch hat Angst, die Kontrolle zu verlieren, wenn er sich der Technik anvertraut.	Selbst am Steuer eines Autos zu sitzen, erscheint vielen sicherer als das fremdgesteuerte Fahren.
„Mehr rationales Denken würde helfen."	Es ist besser, informierte Entscheidungen zu treffen, als intuitiv zu handeln.	Statistiken belegen, dass der Weg mit dem Auto zum Flughafen viel gefährlicher ist als der Flug. Mehr Automatisierung würde die Zahl der Unfälle verringern.
„Die Technik hat mehr Vorteile gebracht als Gefahren."	Durch die Technik wurden Arbeitsprozesse verbessert und menschliche Fehler minimiert.	In Deutschland wurden zahlreiche Arbeitsplätze (z. B. im Fahrzeug- und Maschinenbau) geschaffen, die von Technik abhängen.

Aufgabe 2

Äußerung 1: „Schon klar: Maschinen können auch kaputtgehen oder eine Fehlfunktion haben."

Äußerung 2: „Die Macht der Intuition sollte man auch nicht unterschätzen."

Seite 47

Aufgabe 3

Gleich zu Beginn des Lesens soll sich der Leser/die Leserin Gedanken zum Thema machen und das eigene Verhalten überprüfen.

Aufgabe 4

Ursache 1: Ressourcenverschwendung: Die zunehmende Technisierung hat dazu geführt, dass natürliche Ressourcen verschwendet wurden.

Ursache 2: Klimawandel: Die Technisierung/Industrialisierung ist der Grund für die Klimaerwärmung.

Aufgabe 5

Ja, diese Behauptung stimmt, weil in Deutschland beispielsweise strenge Gesetze im Bereich der Gentechnologie gelten.

Nein, diese Behauptung stimmt nicht, weil in Deutschland z. B. kein Tempolimit auf Autobahnen gilt.

Aufgabe 6

z. B.: Ich halte die technische Weiterentwicklung in vielen Bereichen für positiv, möchte aber nicht die Kontrolle über die Technik verlieren.

Seite 48

Aufgabe 7

Argument: Bleibt die Technik nicht beherrschbar, so kann sie sich verselbstständigen und negative Folgen haben (Beispiel Kernkraft).	1
Argument: Die Technik ist immer ein Produkt des menschlichen Geistes – und damit kann sie den menschlichen Geist nicht ersetzen (beziehungsweise sollte ihn nicht ersetzen können).	2
Argument: Die Technik hat die Geschichte der menschlichen Entwicklung stark geprägt.	3

Die Schreibaufgabe lösen

Aufgabe 2

Muster:

Gefahr der Technik nicht unterschätzen

Natürlich hat Helmut Martin-Jung mit vielen seiner Aussagen recht. Natürlich stellt der Autor gleich zu Beginn seiner Ausführungen die richtigen Fragen. Natürlich kann man die Deutschen als Nation der Zögerer und Zauderer bezeichnen.

Wenn der Autor von den Errungenschaften des technischen Fortschritts spricht, stimme ich ihm vorbehaltlos zu. Die Technik hat die Geschichte der menschlichen Entwicklung stark geprägt – von den ersten Anfängen bis zu den heutigen Satelliten und Marssonden.

Auch seine Ausführungen zu den tief in uns verwurzelten Ängsten und unserer Furcht vor Kontrollverlust ziehe ich nicht in Zweifel. Aber ich bewerte dies anders. Ich ziehe daraus nicht den Schluss, umzudenken und der Technik stärker zu vertrauen, wie Helmut Martin-Jung uns rät. Vielmehr sind diese Ängste für mich Ausdruck einer gesunden menschlichen Skepsis. Ich halte die technische Weiterentwicklung in vielen Bereichen für sehr positiv, möchte aber nicht die Kontrolle über die Technik verlieren. Blinde Technikgläubigkeit kann man dem Autor nicht unterstellen, aber er unterschlägt eine wichtige Seite.

Die Technik ist nämlich in meinen Augen immer ein Produkt des menschlichen Geistes – und damit kann sie den menschlichen Geist nicht ersetzen. Oder besser ausgedrückt: Sie sollte es nicht. Fahren ohne menschlichen Fahrzeugführer mag technisch sehr gut machbar und objektiv viel sicherer sein. Während der Fahrt ins Londoner Hafenviertel mit einem solchen „Geisterzug" war mir jedoch durchaus ein bisschen mulmig. Dieses Beispiel mag harmlos sein, aber es gibt eine Reihe von Belegen dafür, dass eine Technik nicht beherrschbar und die Folgen unabsehbar gravierend waren. In der Literatur macht Goethe dies in seinem „Zauberlehrling" zum Thema, in der Realität sind Tschernobyl oder Fukushima mahnende Beispiele dafür.

Deshalb greift meiner Meinung nach der Vorschlag des Autors, die Welt rationaler zu betrachten, zu kurz. Die notwendige Aufgeschlossenheit der Technik gegenüber sollte immer mit einer gesunden Skepsis, einem gesunden Menschenverstand verbunden sein.

Kapitel 6
Eine Kurzgeschichte verstehen und Figuren charakterisieren

Seite 51

Aufgabe 1

a)	b)	c) r	d)	e) r

Aufgabe 2

a) z. B.: griesgrämig, mürrisch, verärgert, missgestimmt, miesepetrig, unleidlich, genervt
b) z. B.: gut gelaunt, heiter, fröhlich, aufgeräumt, beschwingt, lebensfroh

Aufgabe 3

z. B.: Die Ankunft des Zuges verschiebt sich um <u>mehr als</u> fünfundvierzig Minuten.

Aufgabe 4

a) Das Subjekt fehlt.
b) Der Satz wirkt wie gesprochener Text.

Seite 52

Aufgabe 5

Ein Reisender hat ein Päckchen unterm Arm, ein anderer trägt ein großes Paket. Einige Zeit lang waren die Bahnschienen gesperrt. Die Firma benutzt für die Reinigung der Züge ein neues Desinfektionsmittel. Von der Straße drangen wenige Geräusche in Glogowskis Zimmer.

Aufgabe 6

a) Der Nebensatz – eingeleitet durch *während* – wird durch das Komma vom Hauptsatz getrennt.
b) 1. Komma: Das hinweisende Wort (Verweiswort) *darauf* im Hauptsatz weist auf die Infinitivgruppe hin, die deshalb mit einem Komma abgetrennt werden muss.
2. Komma: Es handelt sich um einen einfachen Infinitiv mit *zu,* der mit *um* eingeleitet wird und deshalb mit einem Komma abgetrennt werden muss.

Seite 54

Die Charakteristik vorbereiten

Aufgabe 1

a) Glogowski (57) lebt alleine in einer Großstadtwohnung; er vermisst seine Frau, an die ein Bild auf dem Nachttisch erinnert. Zu seinen Nachbarn hat er keinen Kontakt. Sie sprechen eine andere Sprache, die er nicht versteht. Von Verwandten oder Freunden ist nicht die Rede. Die Atmosphäre in der Wohnung wirkt bedrückend.
b) Bei jedem Blick auf das Bild seiner Frau wird Glogowski traurig.
c) z. B.: traurig, einsam, deprimierend, sinnlos, freudlos, leer

Aufgabe 2

Da der Vorname nicht genannt wird, fehlt ein wesentliches persönliches Merkmal. Auch dies zeigt das Unpersönliche in Glogowskis Dasein.

Aufgabe 3

a) Ein Mann neben ihm (vgl. Z. 33 ff.) ist kurz angebunden, grummelt und schweigt.
Eine hübsche Frau um die Dreißig (vgl. Z. 42 ff.) ist skeptisch, lächelt falsch, nickt knapp, nimmt Abstand.
b) Glogowski spricht die Reisenden an, er versucht mit seinen Mitmenschen ins Gespräch zu kommen. Diese fühlen sich jedoch belästigt und versuchen zu ignorieren, dass er das Gespräch sucht. Sie gehen auf Distanz. Auch der Wortwechsel mit dem grummelnden Mann endet schnell und es entsteht keine Nähe.

Seite 55

Aufgabe 4

a) Durch den Kursivdruck wird das Wort „Reisenden" hervorgehoben. Dies könnte bedeuten, dass dem Leser noch einmal vor Augen geführt werden soll, dass Glogowski kein Reisender im üblichen Sinne ist. Er ist auf der Suche nach Nähe.
b) Sie gehen mit ihren Tablets und iPhones netter um als mit ihren Mitmenschen. Sie zeigen gegenüber den Geräten fast menschliche Gefühle („streichelten").
c) Er möchte wie ein seriöser und erfolgreicher Geschäftsmann wirken und nicht wie jemand, der nichts mit seiner Zeit anzufangen weiß.

Aufgabe 5

Auf dem Bahnhof trägt Glogowski seine besten Kleidungsstücke (schwarzer Anzug und schwarze Lederschuhe sowie Wintermantel), während er zu Hause seinen abgetragenen Trainingsanzug anzieht.

Aufgabe 6

Eventuell verstehen diese ihn nicht (vgl. „türkische Kinder", Z. 60). Wahrscheinlicher scheint allerdings, dass er in seiner Situation gefangen ist und dass es ihm nicht gelingt, etwas anderes als einige wenige nichtssagende Sätze zu äußern.

Seite 56

Aufgabe 7

Die Stimmung ist trist und trostlos.

Aufgabe 8

a) Die Redewendung entstammt ursprünglich dem Kontext Brettspiel (z. B. Schach). Ein Spielzug folgt dem nächsten.

b) Sie passt einerseits zu dem Sachverhalt, dass Glogowski auf einen Zug nach dem anderen wartet, um am Bahnhof ins Gespräch mit den Reisenden zu kommen. Betrachtet man die Redewendung im Kontext Spiel, so stellt man fest, dass kein Gegenzug anderer Personen erfolgt. Glogowski bleibt allein.

Die Schreibaufgabe lösen

Aufgabe 2

Muster:

Glogowski ist die Hauptfigur in der Kurzgeschichte „Zug um Zug" von Jörn Birkholz, die im Juni 2014 in der Literaturzeitschrift „Krautgarten" (Nr. 64, S. 36) veröffentlicht wurde.

Glogowski ist 57 Jahre alt und spricht täglich am Bremer Bahnhof Fremde an, um seiner Einsamkeit zu entkommen. Als Ort der Begegnung wählt er Bahnsteige aus, für die angezeigt ist, dass der erwartete Zug Verspätung hat. Ist der verspätete Zug eingetroffen, verlässt Glogowski den Bahnhof und geht nach Hause in seine trostlose Ein-Zimmer-Wohnung. Dort zieht er sich seinen alten Trainingsanzug an, legt sich aufs Bett und denkt an seine (möglicherweise verstorbene) Frau. Am nächsten Tag und auch an allen folgenden begibt er sich wieder auf den Bahnhof. Da stehen Reisende, die sich passiv verhalten oder genervt auf diesen vermeintlichen Mitreisenden reagieren.

An dem geschilderten Tag hat der Zug aufgrund eines Personenschadens Verspätung. Niemand außer Glogowski scheint sich darüber Gedanken zu machen. Seine Haltung dazu wird in der Überlegung „Na ja, ist ja wohl eine sichere Sache, um abzutreten" (Z. 17) zum Ausdruck gebracht. Diese Auffassung irritiert die Leserinnen und Leser und veranlasst sie, sich zu fragen: Warum denkt er so etwas?

Sämtliche Versuche Glogowskis, mit den Reisenden in Kontakt zu treten, schlagen fehl. Er bemüht sich beispielsweise, mit einer Frau Kontakt aufzunehmen, die jedoch nur flucht und die Anzeigetafel betrachtet (Z. 1 f.). Ein Mann neben ihm ist kurz angebunden, grummelt und schweigt (vgl. Z. 40). Die meisten Reisenden fühlen sich belästigt und bemühen sich, den Mann zu ignorieren, der das Gespräch mit ihnen sucht. Als der Zug schließlich eintrifft, verlässt Glogowski „das Gleis und kurz darauf den Bahnhof" (Z. 54 f.).

Bis zu diesem Zeitpunkt erwartet die Leserin / der Leser, dass Glogowski ein Geschäftsmann ist, der mit schwarzem Anzug, schwarzen Lederschuhen und einer Aktentasche in der Hand auftritt. Aber dem ist nicht so. Im zweiten Abschnitt der Kurzgeschichte wird geschildert, wie Glogowski in einem abgetragenen Trainingsanzug zu Hause auf dem Bett liegt und traurig das Bild seiner Frau betrachtet. Er lebt alleine in einer kleinen Ein-Zimmer-Wohnung und hat keine Kontakte zur Außenwelt. Nachbarskinder schreien in einer anderen Sprache. Dass dies das Einzige ist, was er wahrnimmt, lässt seine Einsamkeit noch deutlicher werden. Am nächsten Tag auf dem Bahnhof ist er „wieder unter Menschen" (Z. 66). Und wieder nutzt er die Verspätung eines Zuges, um ins Gespräch zu kommen …

Jörn Birkholz zeichnet das Porträt eines einsamen Menschen. Es macht traurig zu sehen, wie der ältere Mann erfolglos versucht, mit seinen Mitmenschen in Kontakt zu kommen.

Kapitel 7
Eine Kurzgeschichte verstehen und dazu einen Dialog schreiben

Seite 60

Aufgabe 1

a)	b) r	c)	d)	e) r	f) r

Aufgabe 2

a) … als hätte sie mich genau verstanden …

b) In dem Schaufenster waren viele Exemplare dieses Buches ausgelegt.

Aufgabe 3

a) z. B.: herausragend / einfallsreich / ideenreich – fingerdick – geschmacklos

b) frisch, frischer, am frischesten

Aufgabe 4

Nichts ist so gut wie dein Nachtisch. Er schmeckt besser als alles, was ich bislang probiert habe. Er ist sogar köstlicher als der, den meine Oma immer zubereitet hat. Ich kann gar nicht beschreiben, wie er schmeckt – süßer als Honig, fruchtiger als jede Beere und so wunderbar saftig wie frische Früchte. Klar ist er kalorienhaltiger als das Frühstück, das ich heute gegessen habe, und viel weniger gesund als dieses. Aber das nehme ich in Kauf. So ein Genuss bleibt einem immer in Erinnerung – er ist so unvergesslich wie wenige Dinge im Leben.

Aufgabe 5

| Sie fotografiert genauso gerne, wie er kocht. | Z. 96 ff. |
| Arnes Freunde sagen ihm wegen seiner Kochkünste eine große Zukunft voraus. | Z. 79 f. |

Aufgabe 6

a) Es/Das goldene Buch
b) Subjekt

Aufgabe 7

Wir haben am Wochenende dieses Restaurant kennengelernt. Bei schönem Wetter lädt die Terrasse zum Verweilen ein. Was die Küche hervorzauberte, war absolute Spitzenklasse. Die meisten entschieden sich für die Empfehlungen des Küchenchefs, die auf der liebevoll gestalteten Tageskarte notiert waren. Der eine wählte das Fleisch, der andere etwas Vegetarisches. Alles war frisch zubereitet und jeder war rundum zufrieden. Das Personal war äußerst aufmerksam. So trug auch die freundliche Atmosphäre zum erholsamen Aufenthalt bei. Unseren Kindern hat es ebenfalls gefallen; die beiden wurden sehr verwöhnt. Ein abschließender Spaziergang in der Umgebung machte den Tag zu einem perfekten Erlebnis. Alles in allem bietet das Restaurant für jeden Anlass das Richtige. Am besten überzeugen Sie sich selbst!

Aufgabe 1

individuelle Lösung

Aufgabe 2

Die Kurzgeschichte „No discussion" von Marlene Schulz wurde 2016 in der Zeitschrift Karussell, der Bergischen Zeitschrift für Literatur, veröffentlicht. Erzählt wird, wie eine Frau die Gefühle eines Mannes ausnutzt und ihn um die Früchte seiner Arbeit bringt. Um ihr zu gefallen, bekocht er sie und zeigt ihr sein „goldenes Buch", in dem er Rezepte gesammelt hat, an denen er jahrelang gearbeitet hat. Erst nachdem sie ihre Besuche bei ihm eingestellt hat, wird er stutzig und entdeckt schließlich im Schaufenster einer Buchhandlung seine Rezeptsammlung, die sie unter ihrem Namen veröffentlicht hat.

Aufgabe 3

a) Der Ausdruck wird im Zusammenhang mit Arnes Rezepten genannt und ist der Name für ein ausgefallenes Rezept. (Z. 48, Z. 52, Z. 77)

b) Der Ausdruck könnte auch für den Inhalt der Kurzgeschichte stehen: Man hat keine Worte für das Verhalten der Frau; darüber lässt sich nicht diskutieren.

Aufgabe 4

a) ... ist ein begnadeter Koch, der das Außergewöhnliche liebt, er lebt allein in der Nähe des Taunus, hat einen Freundeskreis, ist sprachgewandt, verliebt, tut alles für seine Freundin, gefällt sich in dieser Rolle

b) ... fotografiert gerne, liebt gutes Essen, ist verführerisch, berechnend, schamlos, egoistisch

Aufgabe 5

a) Arne ist sehr verliebt.
b) Die Gefühle Arnes bleiben offen. Naheliegend ist, dass er enttäuscht oder wütend ist.
c) z. B.: Er ist immer noch wütend oder enttäuscht und traurig; vielleicht hat er aber auch Abstand gewonnen und kann verzeihen.

Aufgabe 6

a) überrascht – verwundert – erstaunt – ~~sorglos~~
b) ~~zornig~~ – traurig – bedrückt – verzweifelt
c) glücklich – zufrieden – ~~nett~~ – fröhlich

Aufgabe 7

a) z. B.: sprechen, sich äußern, meinen, erklären, argumentieren, feststellen, plappern, stammeln ...
b) z. B.: erwidern, entgegnen, entgegenhalten, zurückgeben, reagieren ...

Aufgabe 8

Zum Beispiel:
Sie entgegnete ganz ruhig: „Du bist ein Träumer."
Sie lachte schrill: „Glaub, was du willst!"
„Ja, das war ein großer Fehler", erwiderte sie leise.

Die Schreibaufgabe lösen

Aufgabe 2

Muster:

Ich traute meinen Augen nicht. Fast so wie vor sechs Jahren. Da stand sie, auf einer dieser Partys, mit einem Glas Wein in der Hand. Ich erkannte sie sofort, auch wenn sie mit dem Rücken zu mir stand. Diesmal ging ich in gerader Linie auf sie zu.
Ich sagte: „Na, welch eine Überraschung, dich hier zu sehen." Beim Klang meiner Stimme zuckte sie zusammen und wandte sich mir zu. Wie hatte ich mir diesen Augenblick in all den Jahren herbeigewünscht! Was hatte ich mir in all den schlaflosen Nächten nicht alles

zurechtgelegt für den Fall, dass ich ihr je begegnen würde! „Hallo, Chefköchin", begrüßte ich sie. „Arne … schön … äh … schön, dich wiederzusehen", stammelte sie. „Wie läuft das Geschäft?" „Wovon sprichst du?", fragte sie nervös. Als sie meinen Gesichtsausdruck sah, meinte sie, noch etwas sagen zu müssen: „Arne, ich glaube, du hast da was falsch verstanden, ich …" Ich ließ ihr keine Zeit mehr, weiterzureden. „Ich soll was falsch verstanden haben, nachdem ich mein Buch unter deinem Namen im Buchhandel gesehen habe? Das war mein Lebenswerk!"

„Ach du meine Güte, Arne, Lebenswerk – mach nicht so ein Theater wegen ein paar Soßen und …" „Wegen ein paar Soßen", meine Stimme wurde gefährlich leise. „Du hast dein wahres Gesicht gezeigt. Ich weiß noch, wie du bei unseren Treffen so harmlos, so unschuldig wirktest. Wie konnte ich mich nur so in dir täuschen? Und weißt du, was das Schlimmste ist? Ich war in dich verliebt, ich wollte dir mit meinen Kochkünsten gefallen. Wie man in den Buchhandlungen sehen konnte, haben dir Letztere ja tatsächlich gut gefallen." „Na und? Ich habe ertragen, dass du wie ein verliebter Gockel um mich herumstolziert bist. Ich bin mit dir, keine Ahnung wie oft, in den Taunus gefahren. Du solltest die Vergangenheit ruhen lassen, mein Lieber." „Oh, so redest du nicht mit mir. Ich sage nur, schau in den nächsten Tagen in die Schaufenster der Buchhandlungen, du wirst eine Entdeckung machen. No discussion!"

Kapitel 8
Eine Kurzgeschichte verstehen und bewerten

Seite 67

Aufgabe 1

a)	b)	c) r

Aufgabe 2
Glück ist nichts Selbstverständliches.

Aufgabe 3
a) z. B.: Die Augen glänzten/strahlten.
b) Sie sehen sehr glücklich aus.

Seite 68

Aufgabe 4
a) Hier fehlt jeweils der Buchstabe e.
b) Aber die drei Wünsche, gab's denn die? Und trotzdem war der alte Mann, kaum hatte ich's gewünscht … (Z. 47 f.)

… ob's nun eine Hölle gab oder nicht. (Z. 50)
Den letzten Wunsch hab' ich vierzig Jahre lang nicht angerührt. (Z. 83 f.)

Aufgabe 5
Wenn man im Lotto gewinnt, sollte man nichts Verrücktes tun, sondern sein Geld besser sinnvoll anlegen. Mit einer Million Euro kann man schon etwas anfangen: Ein Häuschen im Grünen ist auf Dauer gesehen vielleicht besser als eine Reise ins Blaue. Ganz schnell vergeht das leicht errungene Glück, die Träume zerplatzen und der Alltag hat einen wieder.

Aufgabe 6
Yannick fragt seine Kollegen: „Was wünscht ihr euch eigentlich?" Rick antwortet ihm: „Ich will nach meiner Ausbildung reisen." „Wohin willst du denn reisen?", will Marie wissen. Rick überlegt nicht lange. „Nach Kanada!" „Nach Kanada würde ich nicht reisen wollen", meint Marie, „viel lieber nach Neuseeland." Rick meint: „Und Sie, Herr Maier?"

Aufgabe 7
Der Begleitsatz wird durch einen Doppelpunkt abgetrennt.
Das Zitat wird in der direkten Rede mit einem halben Anführungszeichen gekennzeichnet.

Seite 70

Einen literarischen Text zusammenfassen

Aufgabe 2
a) Ort: verräucherte Kneipe
Zeit: Jetztzeit
Figuren: siebzigjähriger Mann und Ich-Erzähler
b) Ort: Park, Parkbank
Zeit: 40 Jahre zuvor
Figuren: der Siebzigjährige im Alter von 30 Jahren und ein alter Mann

Aufgabe 3
Der Höhepunkt der Kurzgeschichte ist die Erfüllung des ersten Wunsches und die Reaktion darauf.

Aufgabe 4
Das Gewähren von drei Wünschen klingt sehr märchenhaft. Er glaubt nicht daran, dass diese Wünsche tatsächlich erfüllt werden.

Aufgabe 5
Er möchte dem Ich-Erzähler eine Lehre mit auf den Weg geben. Er möchte ihn herausfinden lassen, was Glück bedeutet und wie er es erlangen kann.

Aufgabe 6

In der Kurzgeschichte wird die Suche nach der wahren Bedeutung von Glück thematisiert.

Seite 71

Aufgabe 7

a) Der alte Mann meint, den letzten Wunsch habe er vierzig Jahre lang nicht angerührt.

b) Manchmal sei er nahe daran gewesen.

c) Wünsche seien nur gut, solange man sie noch vor sich habe.

Aufgabe 8

Erich Kästner hat die Kurzgeschichte „Das Märchen vom Glück" 1947 geschrieben. Der vorliegende Text ist dem 2016 veröffentlichten Kästnerband „Der tägliche Kram. Chansons und Prosa 1945–1948" entnommen. Die Kurzgeschichte handelt von der Suche nach der wahren Bedeutung des Glücks.

In einer Kneipe trifft der Ich-Erzähler auf einen etwa siebzigjährigen Mann. Dieser erzählt ihm von einer 40 Jahre zurückliegenden Begegnung mit einem älteren Herrn, der ihm drei Wünsche gewährt. Da der Mann nicht an dieses Geschenk glaubt, „verschwendet" er zwei der drei Wünsche. Den letzten Wunsch hat er sich bis heute aufbewahrt. Wünsche seien nur gut, solange man sie noch vor sich habe, gibt er dem Ich-Erzähler mit auf den Weg.

Seite 72

Einen Text bewerten

Aufgabe 1

a) Es bleibt offen, ob der alte Mann glücklich ist. Die Frage des Ich-Erzählers beantwortet er indirekt, als er sagt, Wünsche seien nur gut, solange man sie noch vor sich habe.

b) individuelle Lösung

Aufgaben 2–4

individuelle Lösung

Seite 73

Aufgabe 5

individuelle Lösung

Aufgabe 6

z. B.: Was würden Sie tun, wenn Ihnen jemand drei Wünsche schenkt? Oder: Sind Sie auch manchmal unzufrieden? Oder: Was ist Glück?

Die Schreibaufgabe lösen

Aufgabe 2

Muster:

Eine Geschichte zum Nachdenken

Was ist Glück? Warum habe ich nie Glück oder weniger als manch anderer? Diese Fragen haben wir uns alle schon einmal gestellt.

Die Kurzgeschichte „Das Märchen vom Glück" thematisiert genau dies. Sie stammt von Erich Kästner; der vorliegende Text ist dem 2016 veröffentlichten Kästnerband „Der tägliche Kram. Chansons und Prosa 1945–1948" entnommen und handelt von der Suche nach der wahren Bedeutung des Glücks.

In einer Kneipe trifft der Ich-Erzähler auf einen etwa siebzigjährigen Mann. Dieser erzählt ihm von einer 40 Jahre zurückliegenden Begegnung mit einem älteren Herrn, der ihm drei Wünsche gewährt. Da der Mann nicht an dieses Geschenk glaubt, „verschwendet" er zwei der drei Wünsche. Den letzten Wunsch hat er sich bis heute aufbewahrt. Wünsche seien nur gut, solange man sie noch vor sich habe, gibt er dem Ich-Erzähler mit auf den Weg.

Der Titel „Das Märchen vom Glück" löst beim Leser eine Erwartung aus. Und diese wird erst einmal erfüllt: Es geht um drei Wünsche, die ein älterer Herr – der an den Weihnachtsmann erinnert – einem verbitterten jungen Mann gewährt. Die Märchengestalt schafft es, die gute Seite des anderen in ihm hervorzukehren, denn der junge Mann verschenkt seinen zweiten Wunsch, um den alten Herrn zu retten. Durch dieses Ereignis lernt er – mit dem dritten, noch offenen Wunsch im Hintergrund –, das Leben so zu nehmen, wie es kommt. Der Ich-Erzähler bleibt nach diesem Zusammentreffen nachdenklich zurück.

Mir gefällt die Kurzgeschichte gut und ich kann nur empfehlen, sie zu lesen. Auch wenn mich die märchenhafte Darstellung nicht so sehr anspricht und die Sprache bisweilen schwer zu verstehen ist, bleibt die Frage, was Glück ausmacht, aktuell.

Für mich ist das Glück etwas anderes, als einen Wunsch frei zu haben. Ich bin glücklich über meine Familie und Freunde, darüber, dass es mir gut geht und ich gesund bin. Die Geschichte lädt ein, sich genau dazu Gedanken zu machen.

Kapitel 9
Einen Romanauszug verstehen und in Bezug zur eigenen Lebenswelt setzen

Seite 76

Aufgabe 1

a)	b) r	c) r	d)	e)	f) r	g)

Aufgabe 2

Winston Smith ist klein und dünn.	Z. 23 f.
London gefällt Winston Smith nicht.	Z. 54 f.

Aufgabe 3
Unglück ist Glück.
Feigheit ist Mut.
Demokratie ist Diktatur.

Aufgabe 4
a) klangvoll, melodisch
b) bestimmend, vorherrschend, beherrschend
c) unbestimmt

Aufgabe 5
a) Er bewirkt, dass sich die Leserin / der Leser den Vorgang gut vorstellen kann. Das Ganze wirkt besonders eindringlich.
b) Im Gegensatz zum Vergleich mit dem Schmetterling ruft der Satz Ekel und Abscheu hervor.

Seite 77

Aufgabe 6
1. Textstelle: „Es war ein strahlend-kalter Apriltag [...]" (Z. 1)
2. Textstelle: „[...] um dem scheußlichen Wind zu entgehen, schlüpfte rasch durch die Glastüren der Victory Mietskaserne, doch nicht rasch genug, um zu verhindern, dass mit ihm auch ein grießiger Staubwirbel hereinwehte. (Z. 2 ff.)
3. Textstelle: Draußen sah die Welt sogar durch das geschlossene Fenster kalt aus. Unten auf der Straße wirbelten kleine Windstrudel Staub und Papierfetzen in Spiralen hoch [...] (Z. 27 f.)

Aufgabe 7
a) Präteritum
b) Plusquamperfekt
c) Präsens

Seite 78

Aufgabe 1
Es ist kalt, Stadt und Wohnhaus sind wenig einladend. Die Stimmung wirkt bedrohlich.

Aufgabe 2
Überwachung lässt keinen Platz für Freiheit und Individualität.

Aufgabe 3
individuelle Lösung

Seite 79

Aufgabe 4
a) z. B.: Solange ich mir nichts zuschulden kommen lasse, geht es niemanden etwas an, wo ich mich aufhalte.
b) Argument (Marie): Die Überwachung öffentlicher Plätze gibt vielen Bürgern ein Gefühl der Sicherheit.
Argument (Riccardo): Bislang sind noch viele Fragen der Datensicherung ungeklärt.
Argument (Lara): Überwachungskameras auf öffentlichen Plätzen schrecken Diebe ab.
Argument (Ihre Äußerung), z. B.: Durch die Überwachung mit Kameras werden meine individuellen Rechte eingeschränkt.
c) und *d)* individuelle Lösung

Aufgabe 5
a) Sie selbst
b) Stadtverwaltung Ihrer Gemeinde

Seite 80

c) Er sollte wissen, dass Sie Bürgerin/Bürger dieser Gemeinde sind.
d) Darlegung der eigenen Position zur Installation von Überwachungskameras auf einigen zentralen Plätzen der Gemeinde
e) Unterstützung seiner Position, die Diskussion in seine Richtung lenken

Aufgabe 6
a) Überwachungskameras in ...
b) Die Formulierungen „Überwachungskameras!", „Ich bin für/gegen die Überwachungskameras" und „Sind Überwachungskameras sinnvoll?" deuten die Positionierung des Verfassers bereits an beziehungsweise nehmen sie vorweg, „Anliegen" ist zu allgemein gehalten.

Aufgabe 7

a) Sehr geehrte Damen und Herren

b) „Sehr geehrte Damen und Herren" ist neutral, wohingegen „Verehrte Stadtverwaltung" sowie „Liebe Damen und Herren der Stadtverwaltung" unpassende Beziehungsverhältnisse ausdrücken.

c) Komma

Aufgabe 8

a) Ich hoffe sehr, dass meine Ausführungen in den Entscheidungsprozess einbezogen werden.

b) „Für solch kompetente Angestellte wie Sie ist mein Anliegen sicherlich nachvollziehbar" wirkt anbiedernd und nicht ehrlich gemeint, so, als würde dieses Lob nur geäußert, weil der Verfasser seine Position durchsetzen will. Mit dem Satz „In der Hoffnung auf eine positive Reaktion Ihrerseits verbleibe ich mit freundlichen Grüßen" erwartet der Verfasser eine positive Reaktion, die bei der Ausgangssituation (Diskussion) erst einmal nicht erwartet werden kann. „Ich erwarte Ihre Antwort bald" formuliert eine Forderung, die dem Verfasser nicht zusteht.

Seite 81

Aufgabe 9

Mit freundlichen Grüßen

Die Schreibaufgabe lösen

Aufgabe 2

Muster:

Anna Absender   Musterstadt, Datum
Musterstraße 1
12345 Musterstadt
evtl. Telefonnummer
evtl. E-Mail-Adresse

Stadtverwaltung
Hauptstraße
12345 Musterstadt

Überwachungskameras in Musterstadt

Sehr geehrte Damen und Herren,

ich habe der Presse entnommen, dass es Überlegungen gibt, an öffentlichen Plätzen in unserer Stadt Überwachungskameras zu installieren. Zufällig beschäftige ich mich gerade intensiv mit dem Thema Überwachung, denn ich habe begonnen, den Roman „1984" von George Orwell zu lesen. Die Lektüre hat mich letztlich dazu bewogen, Ihnen meine Meinung zur Installation von Überwachungskameras schriftlich mitzuteilen.

Obwohl „1984" bereits 1948 erschienen ist, passt das Buch gut zur aktuellen Diskussion. In dem Roman wird eine Überwachung thematisiert, die keinerlei Raum für Freiheit und Individualität lässt. Die vorherrschende Atmosphäre ist düster und kalt, geradezu beängstigend. Bis in die Wohnungen reicht die Macht des Staatsapparats, der sogenannte Teleschirme in den Wohnungen installieren lässt, die Propaganda verbreiten und so gut wie alles aufzeichnen, was die Bewohner von sich geben. Dieses fiktive Szenario macht Angst und zeigt sehr eindrücklich, wohin eine allumfassende Überwachung führen kann. Deshalb ist meiner Meinung nach Vorsicht geboten, wenn es darum geht, Grundrechte (wie das Recht auf eine freie Entfaltung der Persönlichkeit und das Recht auf informationelle Selbstbestimmung) einzuschränken.

Dennoch gibt es gute Gründe, öffentliche Plätze mit Kameras zu überwachen. Überwachungskameras vermitteln ein sicheres Gefühl. Zudem haben sie eine abschreckende Wirkung auf diejenigen, die mit unlauterer Absicht unterwegs sind. Statistiken belegen, dass in Städten, die Kameras auf öffentlichen Plätzen installiert haben, die Kriminalität zurückgegangen ist.

Zentral ist in diesem Zusammenhang die Frage, wie mit dem Datenmaterial umgegangen wird. Ein Rechtsstaat wie der unsere stellt sicher, dass die Grundrechte gewahrt werden. Dass demnächst Zustände herrschen, wie Orwell sie beschreibt, steht nicht zu befürchten. Die Unsicherheit der Bürgerinnen und Bürger, die sich im öffentlichen Raum aufhalten, würde durch Überwachungskameras geringer statt größer. Deshalb würde ich es begrüßen, wenn Sie diese Kameras an ausgewählten Plätzen in unserer Stadt installieren.

Ich hoffe sehr, dass meine Ausführungen in den Entscheidungsprozess einbezogen werden.

Mit freundlichen Grüßen

Anna Absender

Extra
Hörverstehen üben

Seite 82

Aufgaben vor dem Hören

Aufgabe 1
HV A: Angst vor Fehlern, lieber Fehler machen, Hilfe notwendig, Unsicherheit, Regeln beachten, Notruf
HV B: Kundendienst, Abfall/Müll, Frage nach Rentabilität, Alternativen
HV C: Inhalt der Ausbildung, Beliebtheit/Vorbildcharakter, Erfolg, Werbung für Deutschland, Rolle der Politik, Rahmenbedingungen

Aufgabe 2
HV A: Wie soll man sich verhalten, wenn man als Erste(r) zu einem Unfall kommt?
HV B: Welche Alternativen gibt es nach einer Studie der Stiftung Warentest, wenn Haushaltsgeräte kaputtgehen?
HV C: Was macht die duale Ausbildung auch im Ausland so attraktiv?

Aufgaben während des Hörens

Aufgabe 1
HV A: aktuelles Thema (20. Februar 2017), Bericht über Verhalten in Notfallsituationen, Deutschlandfunk – Verbrauchertipp, konkrete Regeln für richtiges Verhalten
HV B: aktuelles Thema (29. März 2017), Möglichkeiten, wie man mit kaputten Haushaltsgeräten umgehen kann, Deutschlandfunk – Verbrauchertipp, Untersuchung der Stiftung Warentest
HV C: aktuelles Thema (22. März 2017), Vorbildcharakter der dualen Ausbildung, detektor.fm, Gespräch mit Steffen Bayer vom Deutschen Industrie- und Handelskammertag

Aufgabe 2
HV A: jeder Passant zu Hilfeleistung verpflichtet, Untätigkeit evtl. strafbar (Geld- bzw. Haftstrafe), viele sind hilflos und ängstlich: unberechtigt, da keine medizinische Hilfe verlangt, stattdessen Notruf, andere um Mithilfe bitten, Betreuung und Trost, Versicherungsschutz bei „falscher" Hilfe oder eigenen Verletzungen, Kosten bei Fehlalarm müssen nicht bezahlt werden, man muss sich selbst nicht in Gefahr bringen
HV B: Reparatur oder Neukauf: nicht pauschal zu beantworten, abhängig von Alter und Gerät, Staubsauger: Neukauf, Kaffeeautomat: eher Reparatur (Preis und

umweltschonende Herstellung), Leistungen der Kundendienste nicht überzeugend, Selbstrecherche und Eigeninitiative, Reparaturcafés als Alternative
HV C: Exportschlager duale Ausbildung, Vorteile der dualen Berufsbildung, passgenaue und ganzheitliche Ausbildung, Wettbewerbssteigerung, Vorteile für Wirtschaftsstandort Deutschland, Ausbildung im Ausland nach deutschen Standards, gesellschaftliche und politische Vorteile der dualen Ausbildung, internationale Kooperation, Stärkung der Umsetzung deutscher Direktinvestitionen durch qualifizierte Fachkräfte

Seite 83

Aufgabe während des Hörens (für HV A)

Aufgabe 1

a) r	b)	c) r	d) r	e)

Aufgabe während des Hörens (für HV B)

Aufgabe 1

a) r	b)	c) r	d)	e) r

Aufgaben während des Hörens (für HV C)

Aufgabe 1

Vorteil 1: Möglichkeit der Unternehmen, eigene Mitarbeiter auszubilden (passgenaue Ausbildung)
Vorteil 2: Mitarbeiter sind/werden Teil des Unternehmens
Vorteil 3: ganzheitlicher Blick der Mitarbeiter auf das Unternehmen

Aufgabe 2

z. B.: Förderung des gesellschaftlichen Zusammenhalts in den Partnerländern (infolge einer Reduzierung der Jugendarbeitslosigkeit etc.)

Aufgaben nach dem Hören

Aufgabe 2

HV A: Jeder Passant ist in einer Notsituation zur Hilfe verpflichtet, sonst macht er sich strafbar. Die Hilflosigkeit in solchen Situationen ist unberechtigt, da keine professionelle medizinische Hilfe erwartet wird. Auch die Angst vor möglichen Kosten bei Fehlalarm oder die Sorge, nicht ausreichend versichert zu sein, sind unbegründet.
HV B: Die Frage, ob kaputte Haushaltsgeräte ersetzt oder repariert werden sollten, ist nicht pauschal zu beantworten, sondern abhängig von Art und Alter des Geräts. Die Leistungen der Kundendienste sind nach einer Studie der Stiftung Warentest nicht besonders zufriedenstellend. Deshalb sollen die Verbraucher selbst recherchieren, eigene kleine Vorbeugemaßnahmen durchführen oder die kaputten Geräte in eines der 600 in Deutschland existierenden Reparaturcafés bringen.
HV C: Die deutsche duale Berufsausbildung hat wegen ihrer Passgenauigkeit einen großen Vorbildcharakter. Dieses System zu exportieren, bringt deutschen Unternehmen im Ausland große Vorteile bei der Ausbildung qualifizierter Fachkräfte und erhöht ihre Wettbewerbsfähigkeit. Darüber hinaus bietet die duale Ausbildung auch enorme gesellschaftliche und politische Vorteile und ist somit für die Bundesregierung ein interessantes Mittel der internationalen Kooperation.

Aufgabe 3

Zum Beispiel:
HV A: Ich kann die im Text erwähnte anfängliche Hilflosigkeit und Angst durchaus nachvollziehen, da eine Notfallsituation immer überraschend kommt. Dieser Verbrauchertipp gibt aber jedem/jeder die notwendige Sicherheit, da er zeigt, dass man nichts falsch machen kann, außer nicht zu helfen. Jeder Mensch sollte bedenken, wie froh man selbst wäre, wenn einem in Notsituationen geholfen würde.
HV B: Die große Menge an Elektroschrott sollte auf jeden Fall reduziert werden. Allerdings müssen viele Menschen auf die Kosten achten, sodass teure und – wie der Bericht zeigt – auch nicht zufriedenstellende Kundendienste als Alternative wegfallen. Da nicht jede/r handwerkliche Fähigkeiten hat, finde ich die Idee mit den Reparaturcafés sehr gut. Allerdings müsste die Bekanntheit dieser Einrichtungen viel stärker verbreitet werden.
HV C: Dass die duale Ausbildung sehr große Vorzüge hat, kann ich aus eigener Erfahrung während meiner Ausbildung bestätigen. Deshalb kann ich es sehr gut nachvollziehen, dass dieses System exportiert wird. Allerdings müssen neben der betrieblichen Ausbildung auch die schulischen Rahmenbedingungen stimmen. Die Ausführungen zu den gesellschaftlichen und politischen Vorteilen der dualen Ausbildung sind für mich neu, überzeugen mich aber.

Extra
Richtig schreiben

Seite 86

Sprechschwingend schreiben

Aufgabe 1

kom|men|tie|ren   Krepp|pa|pier   Ge|sell|schaft
be|küm|mert   Kon|trol|le   Kunst|stoff

Wörter verlängern

Aufgabe 1

a) und **b)** Verband (Verbände), Schuld (Schulden),
Logistik (Logistiker), endgültig (Ende),
passend (passender), Standard (Standardisierung),
Kontoauszug (Kontoauszüge), Magnet (Magnete),
plump (plumper), Akkord (Akkorde)

Aufgabe 2

Er sang ein Lied:
sang = 3. Pers. Sing. Präteritum von *singen*
Das Schiff sank:
sank = 3. Pers. Sing. Präteritum von *sinken*

Wörter ableiten

Aufgabe 1

wächst – wachsen, trägt – tragen,
bemängeln – Mangel, schwätzen – Schwatz,
Säure – sauer, Säle – Saal

Seite 87

Wortbausteine richtig schreiben

Aufgabe 1

z. B.: Fühler, gefühlvoll, fühlbar, einfühlsam, feinfühlig,
anfühlen, befühlen, mitfühlen, Mitgefühl, Glücksgefühl,
Völlegefühl, Bauchgefühl, Gefühllosigkeit

Aufgabe 2

leer, z. B.: ausleeren, Leerstand, Leere, Leergut, Leer-
lauf, Leertaste, entleeren
lehr, z. B.: Lehrer, Lehramt, Lehrerzimmer, Lehrauftrag,
Lehrbuch, lehren, belehren, lehrreich

Aufgabe 3

Lehrstelle = Ausbildungsplatz; Leerstelle = nicht be-
setzte Stelle

vorgelegt, müssen Sie wichtige Textinhalte beim Hören erfassen und anschließend Fragen dazu beantworten.

Im **ersten Prüfungsteil** bearbeiten Sie folgende Aufgabenarten:
- verschiedene Aussagen zum Text auf ihre Richtigkeit überprüfen
- Aufgaben zur Struktur des Textes bewältigen und einzelne Textpassagen bewerten
- Wörter erklären und alternative Formulierungen finden
- Textbelege anführen
- falsche Schreibweisen korrigieren
- grammatische Funktionen benennen

Teil 2 – Schreibaufgabe

In diesem Prüfungsteil geht es vor allem darum, ein Problem, das sich aus der vorgelegten Textgrundlage ergibt, schriftlich zu lösen. Ausgangspunkt ist eine vorgegebene Situation. Ist die Textgrundlage ein Sachtext, sollen Sie häufig einen Bezug zu Ihrer eigenen Lebens- und Arbeitssituation herstellen. Ist die Textgrundlage ein literarischer Text, sollen Sie oftmals ebenfalls Bezüge zwischen dem Text und Ihrer eigenen Lebenswelt herstellen, aber auch die Textgrundlage bewerten und einschätzen können.

Im **zweiten Prüfungsteil** schreiben Sie einen zusammenhängenden Text. Dies kann eine E-Mail, eine Kurzkritik, ein Brief, ein Bericht, ein Infotext, ein Dialog oder Ähnliches sein. Dabei müssen Sie die folgenden Kompetenzen unter Beweis stellen:
- eine eigene Position beziehen oder einen Text bewerten
- eine Thematik auf eine andere Situation übertragen
- Ratschläge formulieren
- sich auf den jeweiligen Adressaten einstellen
- übersichtlich strukturieren
- die äußere Form und Sprache an die verlangte Textsorte anpassen

Ihr Text darf nicht länger sein als zwei Seiten. Sie sollten Ihren Schreibprozess deshalb genau planen (siehe Schreibplan in der hinteren Umschlagklappe dieses Arbeitsheftes). Es ist zudem sehr wichtig, dass Sie Ihre Ausarbeitung zum Schluss im Hinblick auf sprachliche Richtigkeit überarbeiten.

Wie läuft die Prüfung ab?

Prüfungsablauf

Die Prüfung dauert 120 Minuten. Davon stehen 15 Minuten als Vorbereitungs- und Einlesezeit zur Verfügung. Ist die Textgrundlage ein Hörtext, wird dieser innerhalb der ersten 15 Minuten zweimal vorgespielt.

Hilfsmittel

In der Prüfung dürfen Sie ein Wörterbuch verwenden. Es kann bei Unsicherheiten im Hinblick auf die Rechtschreibung und die Bedeutung eines Wortes hilfreich sein (siehe auch innere Umschlagseite hinten).

Wie wird die Prüfung bewertet?

Für die Prüfung erhalten Sie eine Note, die zwei Drittel der Abschlussnote ausmacht.

KAPITEL 1

Einen Hörtext verstehen und in einer E-Mail von ähnlichen Erfahrungen berichten

Das Zuhören spielt im Alltag und im Beruf eine immer größere Rolle. Aus diesem Grund ist es wichtig, gesprochene Texte genau zu verstehen. Grundlage für die Prüfung kann deshalb auch ein Hörtext sein. In diesem Kapitel bekommen Sie zunächst allgemeine Informationen zum Umgang mit Hörtexten. Anschließend folgen Fragen und Aufgaben zu einem Hörtext, der als MP3 zum Download vorliegt und den Sie am Ende dieses Kapitels auch als Transkript wiederfinden.

Anmerkungen zum Hörverstehen

In der Prüfung wird Ihnen ein Hörtext mit einer Länge von etwa 5 Minuten zweimal vorgespielt. Sie haben die Möglichkeit (und sollten diese unbedingt nutzen!), sich Notizen zu machen. Ihre Notizen werden nicht bewertet, helfen Ihnen jedoch, im Anschluss an das Hören die Aufgaben zum Hörtext zu bearbeiten. Vor dem Abspielen des Hörtextes in der Prüfung wird Ihnen das Thema von der Prüfungsaufsicht mündlich knapp erläutert. Die Aufgaben zum Hörtext kennen Sie zu diesem Zeitpunkt noch nicht. Erst nach dem zweimaligen Abspielen des Hörtextes dürfen die Aufgabenmappen geöffnet werden. Es kommt also darauf an, genau zuzuhören, um sowohl den Text als Ganzes als auch Details zu erfassen.

Um die Aufgaben zu einem Hörtext in der Prüfung erfolgreich bearbeiten zu können, sind die folgenden Kompetenzen gefragt:
- längere gesprochene Texte verstehen
- ein Thema erkennen und dem Gesprächsverlauf folgen können
- die erforderlichen Lern- und Arbeitstechniken auf den Hörtext anwenden

Wenn Sie die erforderlichen Lern- und Arbeitstechniken beherrschen, sind Sie in der Lage,
- entspannt, aber doch konzentriert zuzuhören,
- wesentliche Begriffe (Schlüssel- oder Signalwörter) zu erkennen,
- den Inhalt des Gehörten mit Ihrem Vorwissen zu verknüpfen,
- zuzulassen, dass Sie manches nicht verstehen,
- die Information des Textes nach dem Hören abzurufen und die Aufgaben zu bearbeiten.

Dies ist beim Hörverstehen zu beachten

Vor dem Hören	– genügend Papier für Notizen bereitlegen – verschiedenfarbige Stifte bereithalten
Während des Hörens	– beim ersten und zweiten Abspielen des Textes konzentriert zuhören – Notizen machen – die Notizen beim zweiten Hören ergänzen und überarbeiten – Thema und Redesituation erfassen – sich nicht irritieren lassen, wenn etwas nicht sofort erfasst wurde – Schlüssel- oder Signalwörter erkennen – Vorwissen aktivieren
Nach dem Hören	– Notizen durchlesen und durch Farbmarkierungen strukturieren – mithilfe der Notizen die Aufgaben bearbeiten

Tipps zum Hörverstehen

In der Prüfung werden Sie mit den folgenden Schwierigkeiten konfrontiert, auf die Sie jedoch reagieren können, wenn Sie sich gezielt vorbereiten:

Schwierigkeit	Folge	Tipps
– Das Thema des Textes wird erst kurz vor dem Abspielen durch die Prüfungsaufsicht benannt und knapp erläutert	– Eine inhaltliche Vorbereitung auf den Text ist nicht möglich	– Konzentriertes Zuhören üben (anderen aufmerksam zuhören und das Hören von Texten trainieren) – Das Gedächtnis trainieren
– Die Aufgaben sind während des Hörens noch nicht bekannt	– Es ist nicht möglich, sich auf einzelne Aspekte zu konzentrieren	– Wesentliches erfassen und von Unwesentlichem unterscheiden – Mut zur Lücke haben – Sich durch unbekannte Sachverhalte oder fremdes Vokabular nicht irritieren lassen – Inhalte aus dem Vorwissen wiedererkennen und abrufen – Die Fähigkeit trainieren, schnell und strukturiert **Notizen** zu machen
– Der Text ist mit 4–5 Minuten relativ lang	– Über diesen langen Zeitraum ist Ihre ganze Konzentration gefordert	– Sich nicht ablenken lassen – **Schlüssel- oder Signalwörter** identifizieren und notieren – Die Struktur des Textes eventuell in einer **Skizze** oder **Mindmap** festhalten
– Der Text liegt nicht gedruckt vor	– Eine Überprüfung des Inhalts ist nicht möglich	– Beim ersten Abspielen des Hörtextes konzentriert zuhören mit dem Ziel, einen **Überblick** zu bekommen – Beim zweiten Abspielen des Hörtextes konzentriert zuhören mit dem Ziel, **Details** zu erfassen sowie all das, was beim ersten Mal nicht verstanden wurde – Die Notizen nach dem zweiten Hören auch anhand Ihres Vorwissens auf Plausibilität überprüfen und überarbeiten

In der Abschlussprüfung wird Folgendes von Ihnen erwartet:

> – Zu einem Hörtext beantworten Sie zunächst Fragen zum Textverständnis und dokumentieren Ihr Wissen zum Sprachgebrauch.
> – In einem zweiten Aufgabenteil lösen Sie eine Schreibaufgabe, bei der Sie sich in einer vorgegebenen Situation mit der Thematik auseinandersetzen.

Der folgende Hörtext könnte die Grundlage in der Prüfung sein (Audiodatei siehe Umschlagklappe).

 Vertragsbedingungen bei Autovermietungen und Carsharing-Firmen
Sie hören einen Radiobeitrag zum Thema Mietwagen und Carsharing, in dem von den Vertragsbedingungen für Fahranfängerinnen und Fahranfänger berichtet wird. Der Beitrag enthält auch mehrere Auszüge aus Interviews, z. B. mit Mietwagenanbietern.
Das Abspielen des Beitrags dauert ca. 4 Minuten. Sie hören den Text zweimal.

Achten Sie beim Zuhören vor allem darauf,
– welche zusammenfassenden Aussagen Sie über den Beitrag machen können,
– warum für Fahranfängerinnen und Fahranfänger besondere Bedingungen gelten,
– welche verschiedenen Optionen für Fahranfängerinnen und Fahranfänger angeboten
  werden.

Teil 1: Textverständnis und Sprachgebrauch überprüfen

Diese Kompetenzen sind gefragt

Schreiben Sie die Vorlage zum Kompetenzcheck von der vorderen Umschlagseite dieses Arbeitsheftes ab und kreuzen Sie an, wie Sie sich einschätzen.

1 *Entscheiden Sie, welche der folgenden Aussagen über den Radiobeitrag Sie für richtig halten. Markieren Sie die richtigen Aussagen in der Tabelle mit einem r. Beachten Sie, dass in der Prüfung eine falsche Antwort zu Punktabzug führt.*

Der Radiobeitrag
a) weist auf die unterschiedliche Behandlung von Fahranfängern und erfahrenen Fahrern hin,
b) berichtet hauptsächlich über das Fahrverhalten von Fahranfängern,
c) veranschaulicht die Informationen durch Erfahrungsberichte von Autofahrern,
d) erläutert die Mietbedingungen bei Carsharing-Firmen und klassischen Autovermietern,
e) kritisiert das Verhalten der Autovermieter,
f) verdeutlicht, welche Gründe für eine ungleiche Behandlung der Autoanmieter sprechen,
g) fordert Führerscheinneulinge auf, vor der Anmietung eines Autos die Mietbedingungen genau bei den Anbietern nachzufragen,
h) kritisiert, dass die Politik zu wenig gegen diese Ungleichbehandlung unternimmt.

a)	b)	c)	d)	e)	f)	g)	h)

2 *In dem Radiobeitrag werden mehrere Gründe für Sonderregelungen für Fahranfänger genannt. Markieren Sie in der Tabelle die Aussagen mit einem r, die dem Beitrag entnommen werden können. Beachten Sie, dass in der Prüfung eine falsche Antwort zu Punktabzug führt.*

a) Junge Fahranfänger haben nicht so viel Geld zur Verfügung wie ältere.
b) Junge Autofahrer werden öfter in Unfälle verwickelt.
c) Junge Fahranfänger sind risikobereiter und unerfahrener.
d) Ältere Autofahrer gehen sorgfältiger mit geliehenen Autos um.
e) Ältere Fahranfänger haben mehr Lebenserfahrung und in der Regel ein größeres Sicherheitsdenken.

a)	b)	c)	d)	e)

3 *In dem Radiobeitrag spielen die besonderen Vertragsbedingungen für junge Fahranfängerinnen und Fahranfänger eine große Rolle. Markieren Sie die Aussagen zu diesen Ver-*

tragsbedingungen, die sich eindeutig aus dem Text ergeben, mit einem r. Beachten Sie, dass in der Prüfung eine falsche Antwort zu Punktabzug führt.

a) Junge Fahranfänger unter 23 oder 25 Jahren bekommen keine Autos aus dem Luxussegment überlassen.
b) Alle Mietwagenanbieter haben die gleichen Vertragsbedingungen.
c) Manche Anbieter verkaufen für junge Fahranfänger ein Sicherheitspaket für rund 50 Euro.
d) Jüngere Fahranfänger müssen oft eine Zusatzgebühr zahlen.

a)	b)	c)	d)

4 *Formulieren Sie drei Sätze, die den wesentlichen Inhalt des gehörten Textes wiedergeben.*

1. Satz _____

_____

2. Satz _____

_____

3. Satz _____

_____

☆ **5** *Manche der folgenden Aussagen in der Tabelle enthalten neben der Information auch eine Wertung der dargestellten Sachverhalte. Markieren Sie die beiden Äußerungen, bei denen die Wertung besonders deutlich wird. Unterstreichen Sie die Wörter, an denen man die Wertung erkennt.*

Aussagen	Wertung?
Beispiel: Es gibt einige Anbieter, die verlangen als Eintrittsbedingung <u>lediglich</u> einen gültigen Führerschein.	✗
a) Das sind die, die für den Fahranfänger weniger interessant sind.	
b) Junge Autofahrer werden öfter in Unfälle verwickelt als Fahrer mit mehr praktischer Erfahrung.	
c) Große Wagen aus dem Luxussegment bekommen sie richtigerweise überhaupt noch nicht überlassen.	
d) Ich finde die Lösung besonders gut, bei der die Fahranfänger obligatorisch ein Sicherheitspaket abschließen müssen.	
e) Auch viele klassische Autovermieter haben spezielle Regelungen für Fahranfänger.	
f) Ist ein Mieter unter 23 oder bei anderen Anbietern unter 25, dann wird eine Extragebühr erhoben, aber er bekommt den Wagen.	

GUT ZU WISSEN	Notizen machen

Um die Informationen aus einem Hörtext nachvollziehen und behalten zu können, ist es wichtig, sich während des Anhörens Notizen zu machen. Das Notieren wird Ihnen leichtfallen, wenn Sie Folgendes beachten:

– Hören Sie zuerst zu und versuchen Sie, den Inhalt zu verstehen. Schreiben Sie nicht alles ungefiltert mit.
– Finden Sie Ihre eigene Notiztechnik. Sie haben die Möglichkeit, **Schlüssel-** oder **Signalwörter** zu notieren, mit **Kürzeln** (Abkürzungen oder Symbolen) zu arbeiten, eine **Mindmap** zu skizzieren, **unterschiedliche Farben** zur Gliederung und Strukturierung einzusetzen etc.
– Schreiben Sie **leserlich,** damit Sie Ihre Mitschrift anschließend entziffern können.
– Schreiben Sie so kurz wie möglich und so ausführlich wie nötig.
– Formulieren Sie **in eigenen Worten,** dadurch denken Sie intensiver über das Notierte nach.
– Lassen Sie genügend Platz für nachträgliche Ergänzungen.

6 *In den folgenden Sätzen findet sich jeweils ein Fehler. Dabei handelt es sich im oberen Teil der Tabelle um Rechtschreibfehler, im unteren um grammatische oder stilistische Fehler. Markieren Sie die Fehler und schreiben Sie den korrigierten Ausdruck in die Spalte daneben.*

Sätze	Korrektur
a) Rechtschreibfehler	
Beispiel: Junge Autofahrer werden öfter in Unfälle verwikelt als ältere.	verwi**ck**elt
Manche Vermieter verlangen, das man schon über einen gewissen Zeitraum im Besitz eines Führerscheins ist.	
Fahranfänger sind nur eingeschrenkt willkommen.	
Spetzielle Regelungen gelten vor allem für die jungen Fahrer.	
Das fahren mit einem Mietwagen kann teuer werden.	
Fahrer mit größerer pracktischer Erfahrung bezahlen weniger.	
b) Grammatische oder stilistische Fehler	
Beispiel: Durch die Unfallforschung hat diese Entwicklung bestätigt.	**Die** Unfallforschung
Manche Anbieter verkaufen Sicherheitspakete für ungefähr rund 50 Euro.	
Bereits schon im Vorfeld sollte man sich erkundigen.	
Höhere Gebühren sind nicht die einzigste Möglichkeit der Mietwagenanbieter.	
Mietwagenanbieter verhalten sich nicht anders wie Carsharing-Firmen.	

Teil 2: Die Schreibaufgabe bewältigen

Situation

Da der Radiobeitrag zum Thema Mietwagen und Carsharing gut ankam, beschließt der Deutschlandfunk, einen Folgebeitrag zu senden, der ebenfalls ein junges Publikum ansprechen soll. Dafür sollen weitere Fälle ausgewertet werden, in denen junge Menschen anders behandelt wurden als ältere. Der Sender bittet junge Erwachsene, die von solchen Ungleichbehandlungen wissen, eine E-Mail zu schicken und darüber zu berichten. Sie fühlen sich angesprochen und schreiben eine E-Mail an den Sender.

Aufgabe

Berichten Sie in einer E-Mail an den Sender über eine Ungleichbehandlung und verdeutlichen Sie Ihre Position dazu durch überzeugende Argumente.

Diese Kompetenzen sind gefragt

Kreuzen Sie an, wie Sie sich einschätzen.

Kompetenzen	Das kann ich sehr gut	Das kann ich	Das kann ich teilweise	Das trainiere ich
die Thematik eines Hörtextes auf andere Situationen übertragen				
– das Thema des Hörtextes erkennen				
– andere Beispiele zur Thematik des Textes benennen				
– zu diesen Beispielen Stellung nehmen				
Zielorientierung, Adressaten- und Situationsbezug berücksichtigen				
– bedenken, warum und mit welchem Ziel geschrieben werden soll				
– klären, wer der Empfänger ist				
– prüfen, aus welcher Situation heraus zu schreiben ist				
– eine verständliche und der Zielgruppe angemessene Sprache wählen				
– dem Adressaten Respekt, Höflichkeit und Aufmerksamkeit entgegenbringen				
die Ausarbeitung übersichtlich strukturieren				
– die äußere Form einer E-Mail beachten				
– den Grund für das Schreiben der E-Mail in der Betreffzeile mitteilen				
– durch Absätze gliedern und sinnvolle Übergänge finden				
die Ausarbeitung im Hinblick auf sprachliche Richtigkeit überarbeiten				

1 *Geben Sie das Thema des Hörtextes in einem prägnanten Satz wieder.*

_____

_____

2 *Bewerten Sie die im Hörtext beschriebene unterschiedliche Behandlung junger und älterer Menschen. Formulieren Sie für jede Position eine überzeugende Begründung.*

Ja, ich halte sie für vertretbar, weil: _____

_____

Nein, ich halte sie nicht für vertretbar, weil: _____

_____

3 *Notieren Sie mehrere andere vergleichbare Fälle von Ungleichbehandlungen zwischen jungen und älteren Menschen. Unterscheiden Sie dabei zwischen den Bereichen Alltag sowie Ausbildung und Beruf.*

Alltag: _____

_____

Ausbildung und Beruf: _____

_____

4 *Wählen Sie eine Situation aus Aufgabe 3 und führen Sie diese in Stichpunkten näher aus.*

_____

_____

_____

_____

5 *Setzen Sie sich mit den Anforderungen der Aufgabenstellung auseinander und beantworten Sie die folgenden Fragen:*

a) An wen schreiben Sie die E-Mail? _____

b) Was erfahren Sie aus der Aufgabenstellung über den Adressaten?

_____

_____

c) Welche Auswirkungen hat das sprachlich auf Ihre E-Mail?

_____

d) Formulieren Sie einen Betreff für Ihre E-Mail.

_____

e) Was wollen Sie mit Ihrer E-Mail bewirken?

_____

GUT ZU WISSEN | **Eine E-Mail schreiben**

Die schriftliche Kommunikation wird heute sehr häufig per **E-Mail** abgewickelt. Auch wenn E-Mails nicht ganz so formell wie Geschäftsbriefe sind, sollte die Form gewahrt bleiben. E-Mails verlangen einige Elemente, die auch Briefe enthalten, und sind ähnlich aufgebaut. So gibt es ein Feld für die (E-Mail-)**Adresse** der Empfängerin/des Empfängers. Zusätzlich besteht die Möglichkeit, anderen Personen eine **Kopie** (cc) zu schicken. Wenn Blindkopie (bcc) gewählt wird, sehen die anderen Empfänger nicht, an wen außerdem eine Kopie geschickt wurde. Weiterhin gibt es ein Feld für den **Betreff**, der bei E-Mails genauso sorgfältig formuliert werden muss wie bei Briefen.
Im **Textfeld** selbst stehen die **Anrede**, der **Textblock** mit **Einleitung, Hauptteil, Schluss** und die **Grußformel.**

Die Schreibaufgabe lösen

1 *Erstellen Sie zunächst einen Schreibplan (siehe hintere Umschlagklappe dieses Arbeitsheftes).*

2 *Schreiben Sie die E-Mail. Berichten Sie darin von einer Situation, in der junge und ältere Menschen unterschiedlich behandelt werden. Schildern Sie Ihr Beispiel nachvollziehbar, machen Sie Ihre Position dazu deutlich und untermauern Sie sie mit überzeugenden Argumenten. Beschränken Sie sich auf zwei Seiten.*

> **Tipp**
> Denken Sie daran, Ihre Ausarbeitung zum Schluss zu überprüfen. Berücksichtigen Sie dabei den Check zur Textrevision auf der hinteren Umschlagklappe.

So schätze ich mich jetzt ein

Füllen Sie die Kompetenzchecks erneut aus. Können Sie Veränderungen im Vergleich zum letzten Mal feststellen?

Transkript des Hörtextes

Susanne Kuhlmann: Mietwagen und Carsharing – Fahranfänger nur eingeschränkt willkommen

Junge Autofahrer werden öfter in Unfälle verwickelt als Fahrer mit mehr praktischer Erfahrung. Das geht aus Statistiken des Kraftfahrtbundesamtes hervor. Diese Daten wirken sich aus, wenn Fahranfänger, auch ältere, einen Wagen bei einer Carsharing-Firma oder einem Autovermieter leihen wollen.

5 Einsteigen, starten, losfahren – das ist kein Problem für Fahranfänger, die ein eigenes Auto zur Verfügung haben. Immer mehr Städter und viele junge Leute sparen sich diese Anschaffung aber und leihen bei Bedarf lieber einen Wagen aus. Zum Beispiel bei einer Carsharing-Firma. „Mit der Gruppe der Fahranfänger gehen die Anbieter allerdings sehr unterschiedlich um", erläutert Gunnar Nehrke vom Bundesverband

10 CarSharing e.V. „Es gibt einige Anbieter, die verlangen als Eintrittsbedingung lediglich einen gültigen Führerschein, unabhängig vom Alter. Andere Anbieter legen ein Mindestalter fest. Das kann von 18 bis 25 Jahre reichen. Eine dritte Gruppe von Anbietern verlangt einen Nachweis über ein bis zwei Jahre Fahrpraxis, um überhaupt Mitglied zu werden. Das sind die, die für den Fahranfänger weniger interessant sind."

15 Hintergrund für diese Einschränkungen sind die Unfallzahlen. Eine Auswertung des Deutschen Verkehrssicherheitsrates von Pkw-Unfällen im Jahr 2015 zeigt, dass 17 Prozent aller Unfälle mit Personenschaden von jungen Fahrern zwischen 18 und 25 verursacht wurden.

„Das hat sich aus der Unfallforschung ergeben, dass die jungen Fahranfänger zwi-
20 schen 18 und 24 diese besonderen Risikomomente, nämlich Risikobereitschaft und Unerfahrenheit, besonders stark ausgeprägt haben. Danach lässt das nach", sagt Kurt Bartels von der Bundesvereinigung der Fahrlehrerverbände. „Wer älter in den Führerschein einsteigt, hat wesentlich mehr Lebenserfahrung und in der Regel ein größeres Sicherheitsdenken."

25 Da Carsharing-Firmen das Risiko „Fahranfänger" unterschiedlich einschätzen, sollten junge – und in einzelnen Fällen auch ältere – Führerscheinneulinge vorab genau bei den Anbietern nachfragen. Eine weitere mögliche Variante beschreibt Gunnar Nehrke vom Bundesverband CarSharing: „Ich finde besonders gut die Lösung, bei der die Fahranfänger unbeschränkten Zugang zum Carsharing haben, aber bei der
30 Anmeldung dann ein Sicherheitspaket obligatorisch abgeschlossen werden muss."

Manche Anbieter verkaufen ein solches Sicherheitspaket für rund 50 Euro. Verursacht der Fahrer einen Unfall, reduziert sich die Eigenbeteiligung auf 200 Euro. Ohne Sicherheitspaket beträgt sie um die 1.000 Euro, kann aber auch darüber liegen.

„Auch viele klassische Autovermieter haben spezielle Regelungen für Fahranfänger",
35 sagt Michael Brabec vom Bundesverband der Autovermieter. „Bei manchen Vermietern ist es eine Voraussetzung, dass man schon eine gewisse Dauer den Führerschein besitzt. Und wenn man den Mietvertrag abschließt, muss man den Führerschein zum Nachweis der Fahrerlaubnis auch vorlegen."

Junge Fahrer unter 23 oder unter 25 müssen bei einer Reihe von Vermietern eine
40 Zusatzgebühr zahlen; einen Risikoaufschlag zwischen 10 und 20 Euro pro Tag. Große Wagen aus dem Luxussegment bekommen sie überhaupt noch nicht überlassen. Älteren Fahranfängern werden wertvolle Wagen aber durchaus vermietet.

„Die Vermietung größerer, also höherwertigerer Fahrzeuge, die ist eher abhängig vom Alter des Mieters, weniger von der Dauer des Führerscheinbesitzes. Jüngere Fah-
45 rer können Fahrzeuge kleinerer Bauart und Motorisierung mieten. Ist ein Mieter unter 23 oder bei anderen Anbietern unter 25, dann wird eine Extragebühr erhoben, aber sie bekommen dann dieses Fahrzeug."

www.deutschlandfunk.de

KAPITEL 2

Einen Sachtext verstehen und zusammenfassen

In der Abschlussprüfung wird Folgendes von Ihnen erwartet:

- Auf der Grundlage eines Sachtextes beantworten Sie zunächst Fragen zum Textverständnis und dokumentieren Ihr Wissen zum Sprachgebrauch.
- In einem zweiten Aufgabenteil lösen Sie eine Schreibaufgabe, bei der Sie in einer vorgegebenen Situation für eine festgelegte Zielgruppe den Textinhalt zusammenfassen.

Der folgende Zeitungsartikel könnte die Textgrundlage in der Prüfung sein.

Bärbel Brockmann: Es schlägt die Stunde der Schwächeren

[...] Es gibt immer weniger Azubis in Deutschland. Das liegt zum einen an den sinkenden Schülerzahlen insgesamt, zum anderen daran, dass immer mehr junge Menschen studieren. Eine klassische Lehre ist für viele nicht mehr attraktiv. Schon gar nicht, wenn es sich um eine Ausbildung handelt, bei der man sich die Hände schmutzig macht.

Vor allem mittelständische Unternehmen spüren den Mangel zunehmend. Es fing damit an, dass man auf eine Stellenausschreibung nicht mehr hundert, sondern höchstens noch zehn Bewerbungen bekam. Inzwischen bleiben Azubi-Plätze immer häufiger unbesetzt, weil es keine Bewerber gibt. Das ist vor allem für den Mittelstand beunruhigend, weil nach Berechnungen der staatseigenen KfW-Förderbank neun von zehn Schulabgängern ihre Ausbildung in einem mittelständischen Unternehmen beginnen.

Um die jungen Leute ist in vielen Regionen ein regelrechter Konkurrenzkampf zwischen den Unternehmen entstanden. Das ist für werdende Azubis ein Vorteil, denn sie können sich aussuchen, wo sie anfangen wollen. Das ist aber vor allem auch für Schüler mit schlechten Noten oder Jugendliche ohne Schulabschluss eine Chance. Denn immer mehr Unternehmen fangen an, im Betrieb das Schulwissen nachträglich zu vermitteln, das diesen jungen Menschen fehlt.

Der Maschinenbauer Kurtz Ersa im fränkischen Kreuzwertheim gehört dazu. Kreuzwertheim liegt in einer ländlichen Gegend. Es gibt eine Reihe von Mittelständlern dort, die sich nach Kräften um potenzielle[1] Auszubildende bemühen. Also nimmt Kurtz Ersa auch Jugendliche unter Vertrag, die noch nicht genug wissen oder nicht genug Deutsch verstehen, um eine Lehre erfolgreich abschließen zu können. [...]

Konkret heißt das: eine sehr individuelle, persönliche Nachhilfe durch Ausbilder. Bislang hat das bei Kurtz Ersa immer geklappt. Wenn auch schwächere Schüler eine Ausbildung schaffen, dann machen auch sie in ihrer Umgebung Werbung für das Unternehmen, das sie ausgebildet hat, so das Kalkül[2]. Bei Kurtz Ersa ist die Investition in Mitarbeiter generell ein großes Thema. „Die weltweite Konkurrenz kommt uns immer näher. Deshalb brauchen wir Top-Mitarbeiter, damit wir gegenhalten können. Dazu müssen wir investieren", sagt [Geschäftsführer Uwe] Rothaug.

Solche Unternehmen sind nach der Erfahrung von Frank Neises vom Bundesinstitut für Berufsbildung (Bibb) inzwischen keine Seltenheit mehr. „Es sind in der Regel investitionsorientierte Unternehmen, die Lernhilfe oder Nachhilfe anbieten", sagt der Experte für Ausbildung und Berufsorientierung. Also Unternehmen, die auch beim

1 potenziell: möglich, denkbar
2 das Kalkül: (im Voraus angestellte) Überlegung, Berechnung

35 Personal eine mittel- oder sogar langfristige Planung verfolgen. In der Regel sind das größere Unternehmen. […]

Im Unterschied zu produktionsorientierten Unternehmen wie beispielsweise
40 kleinen Handwerksbetrieben, wo es jeden Tag vor allem darauf ankommt, dass der Laden läuft, können sich größere Firmen auch eine Personalplanung leisten. Meist sind das größere Mittel-
45 ständler, aber Neises weiß auch, dass es bei dem Staatsunternehmen Deutsche Bahn und bei der Deutschen Telekom ebenfalls Hilfsprogramme für leistungsschwache Azubis gibt.

50 Im Jahr 2015 gab es in Deutschland nach KfW-Berechnungen 1,34 Millionen Auszubildende, circa 300 000 weniger als noch 2008. Im Jahr 2016 dürften es nach ersten Schätzungen noch weniger gewe-
55 sen sein. Die Not der Betriebe wächst.

Das stärkt die Bereitschaft, auch schwächere Jugendliche einzustellen und mit einiger Extrahilfe dafür zu sorgen, dass auch sie den Abschluss schaffen. Der Pool, aus dem sie schöpfen können, ist groß. „Etwa jeder fünfte Schüler ist schwach", sagt Neises und beruft sich auf jüngste Studien der Organisation für wirtschaftliche Zusammenarbeit
60 und Entwicklung (OECD). Schwach bedeutet danach, dass Jugendliche aus der achten Klasse im Rechnen und Schreiben auf dem Niveau von Grundschülern verharren. Die Situation verschärft sich noch, wenn man auf die außerbetrieblichen ausbildungsbegleitenden Hilfen sieht, die von der Bundesagentur für Arbeit, Branchenverbänden und einigen Ministerien angeboten werden. Die Gesamtzahl solcher Hilfsangebote
65 liegt nach Angaben von Neises seit einiger Zeit konstant bei 40 000 Plätzen im Jahr – bei kontinuierlich abnehmender Schülerzahl.

Auch die Firma Kampf, Spezialist für Schneidmaschinen aus dem nordrhein-westfälischen Wiehl, nimmt jedes Jahr schwächere Jugendliche in ihren neuen Ausbildungsjahrgängen auf. Sie bietet einen eigenen Werksunterricht für alle Lehrlinge an. „Dort
70 können die Schwächen der Azubis erkannt und durch zusätzliches Lernen oft behoben werden", sagt Personalchef Axel Pitsch. Bei Schülern, deren schulisches Wissen nicht ausreicht, um etwa eine Ausbildung zum Mechatroniker zu schaffen, wirbt Kampf für weniger attraktive Lehrberufe wie Konstruktionsmechaniker, früher Blechschlosser genannt. „Wir zeigen diesen Jugendlichen, dass sie auch damit eine
75 Perspektive haben. Sie können mit erfolgreichem Abschluss später auch hier ihren Industriemeister oder Techniker machen", sagt Pitsch.

Wie viele andere Mittelständler auch geht Kampf schon früh an die Schulen, um für das eigene Unternehmen Nachwuchs anzuwerben. Pitsch lobt die gute Zusammenarbeit vor allem mit den Mittelschulen der Gegend. „Die sind oft hoch engagiert bei der
80 Betreuung und Unterstützung der Schüler", sagt er. Dennoch: Viele Schulabgänger der Mittelschulen sind für eine Ausbildung im dualen System heute einfach nicht geeignet, weil ihnen dafür grundlegendes Wissen fehlt. […]

Süddeutsche Zeitung

Teil 1: Textverständnis und Sprachgebrauch überprüfen

1 *Entscheiden Sie, welche der folgenden Aussagen sich eindeutig aus dem Text ableiten lassen. Markieren Sie die richtigen Aussagen in der Tabelle mit einem r. Beachten Sie, dass in der Prüfung eine falsche Antwort zu Punktabzug führt.*

a) Vor allem mittelständische Unternehmen spüren den Rückgang der Azubi-Zahlen.

b) 80 Prozent der Jugendlichen beginnen nach Berechnungen der KfW-Förderbank ihre Ausbildung in einem mittelständischen Unternehmen.

c) Der Azubi-Mangel benachteiligt Schüler mit schlechten Noten.

d) Die Firma Kurtz Ersa investiert in die Ausbildung, um für das Unternehmen zu werben.

e) Kleine Handwerksbetriebe bieten besonders häufig Nachhilfe für Azubis an.

f) 5 Prozent der Schüler der 8. Klasse sind nach Angaben der OECD in Rechnen und Schreiben auf dem Niveau von Grundschülern.

g) Die Attraktivität des Ausbildungsberufs Konstruktionsmechaniker ist nicht besonders hoch.

h) Vor allem die Schulabgänger der Mittelschulen eignen sich heute wegen ihres großen Wissens für Ausbildungen im dualen Bereich.

a)	b)	c)	d)	e)	f)	g)	h)

> **Tipp**
> Die 5-Schritt-Lesemethode, die Sie auf der vorderen Umschlagklappe dieses Arbeitsheftes finden, hilft Ihnen, den Text zu verstehen.

2 *Belegen Sie die folgenden Aussagen am Text. Notieren Sie die entsprechenden Zeilen.*

Viele mittelständische Unternehmen haben Schwierigkeiten, Auszubildende zu finden.	Z.
Einige staatliche Unternehmen und größere Firmen bieten besondere Hilfestellungen für schwache Azubis an.	Z.
Eine grundsätzliche Kritik an den Schulen wegen mangelnder Wissensvermittlung ist nicht angebracht.	Z.

☆ **3** *Im Text werden Ursachen und Folgen des Azubi-Rückgangs beschrieben. Ordnen Sie den vorgegebenen Ursachen die passenden Folgen (siehe S. 18) zu, indem Sie den richtigen Buchstaben in die Tabelle eintragen. Beachten Sie, dass sich einige Folgen keiner der Ursachen zuordnen lassen.*

Ursache	Folge
Es gibt immer weniger Bewerber für Ausbildungsplätze.	
Der Konkurrenzkampf um die Auszubildenden nimmt zu.	
Viele Auszubildende haben ein immer geringeres Wissen.	
Die Schülerzahlen sinken seit Jahren.	

Folgen:

a) Immer mehr Azubi-Stellen bleiben unbesetzt.

b) Die Chance für schwache Schülerinnen und Schüler sinkt.

c) Deshalb gibt es immer weniger Auszubildende.

d) Vor allem die Kleinbetriebe sehen darin eine Chance.

e) Für beginnende Auszubildende ist das ein Vorteil, weil sie sich ihren Ausbildungsplatz aussuchen können.

f) Betriebe bieten verstärkt individuelle persönliche Nachhilfe an.

4 *Ersetzen Sie die drei Sätze aus dem Text durch einfachere Formulierungen. Der Sinn soll jeweils gleich bleiben.*

Die weltweite Konkurrenz kommt uns immer näher. (Z. 28 f.)

Der Pool, aus dem sie schöpfen können, ist groß. (Z. 57 f.)

Die Situation verschärft sich noch. (vgl. Z. 62)

_____

_____

_____

☆ **5** *Erklären Sie die folgenden Formulierungen in knapper Form. Verwenden Sie dabei nicht die unterstrichenen Wörter oder Wortteile.*

<u>Investition</u> in Mitarbeiter (Z. 27 f.)

<u>produktions</u>orientiert (Z. 38 f.)

<u>Personal</u>planung (Z. 43)

_____

_____

_____

☆ **6** *„Das" oder „dass"? Erklären Sie die jeweilige Schreibweise, indem Sie die grammatische Funktion des Wortes im Satz benennen.*

Z. 2 dass: _____

Z. 15 Das: _____

Z. 17 das: _____

Z. 18 das: _____

Z. 24 das: _____

7 *Ihr Kollege hat einen Kommentar zu dem Zeitungsartikel verfasst. Darin hat er nicht zwischen „das" und „dass" unterschieden. Streichen Sie die falsche Schreibweise durch.*

Das/Dass Thema, das/dass der Text anspricht, kenne ich aus meinem Betrieb. Ich bin

aber nicht der Meinung, das/dass die Leistungen der Azubis nachgelassen haben. Das/

Dass ist nicht das/dass Problem.

Das/Dass das/dass innerbetriebliche Lernen zugenommen hat, das/dass kann niemand

bestreiten. Das/Dass liegt meiner Meinung nach aber daran, das/dass die Anforderungen

während der Ausbildung gestiegen sind.

GUT ZU WISSEN	*das* und *dass*

Die Schreibweise von *das* und *dass* ist genau geregelt. Sie richtet sich nach der grammatischen Funktion des Wortes im Satz. So kann das Wort entweder ein Artikel, ein Pronomen oder eine Konjunktion sein. Bei der Unterscheidung von Pronomen und Konjunktion kann die **Ersatzprobe** helfen. Wenn man anstelle des Wortes *dieses, welches* oder *jenes* einsetzen kann, schreibt man *das* mit einem s.

Tipp
Das kann durch *dieses, jenes* und *welches* ersetzt werden, *dass* nicht.

Wort	Funktion	Beispiel
das	Artikel	**das** Unternehmen
das	Relativpronomen	Dann machen sie in ihrer Umgebung Werbung für das Unternehmen, **das** sie ausgebildet hat.
das	Demonstrativpronomen	**Das** ist vor allem für den Mittelstand beunruhigend.
dass	Konjunktion	Wir zeigen diesen Jugendlichen, **dass** sie damit eine Perspektive haben.

Teil 2: Die Schreibaufgabe bewältigen

Situation

Sie haben sich für ein Seminar zum Thema „Die Situation junger Auszubildender angesichts der aktuellen Bevölkerungsentwicklung" angemeldet. Als Vorbereitung erhalten die Seminarteilnehmerinnen und -teilnehmer Zeitungsartikel zu unterschiedlichen Aspekten des Themas mit dem Auftrag, den jeweiligen Artikel schriftlich zusammenzufassen. Sie bekommen den Text „Es schlägt die Stunde der Schwächeren" von Bärbel Brockmann.

Aufgabe

Schreiben Sie eine Zusammenfassung des Zeitungsartikels.

Diese Kompetenzen sind gefragt

Kreuzen Sie an, wie Sie sich einschätzen.

Kompetenzen	Das kann ich sehr gut	Das kann ich	Das kann ich teilweise	Das trainiere ich
einen Sachtext zusammenfassen				
– eine Einleitung mit Angaben zu Textsorte, Titel, Autor/-in, Thema, Publikationsorgan und Erscheinungsdatum formulieren				
– das Ergebnis des Textes erkennen und zusammenfassen				
– die wichtigsten Aussagen in knapper Form wiedergeben				
– ein Fazit formulieren				
– direkte Rede in indirekte Rede umformulieren				
– im Präsens formulieren				
Zielorientierung, Adressaten- und Situationsbezug berücksichtigen				
– bedenken, warum und mit welchem Ziel geschrieben werden soll				
– klären, wer der Empfänger ist				
– prüfen, aus welcher Situation heraus zu schreiben ist				
– eine Lösung des Problems bieten, das sich aus der Situation ergibt				
– eine klare und der Zielgruppe angemessene Sprache wählen				
die Zusammenfassung übersichtlich strukturieren				
– durch Absätze gliedern				
– sinnvolle Übergänge zwischen den einzelnen Teilen formulieren				
die Ausarbeitung im Hinblick auf sprachliche Richtigkeit überarbeiten				

Die Zusammenfassung vorbereiten

1 *Bearbeiten Sie den Text nach der 5-Schritt-Lesemethode (siehe vordere Umschlagklappe dieses Arbeitsheftes).*

a) Überfliegen Sie den Text und formulieren Sie W-Fragen.

_____

_____

_____

_____

> **Tipp**
> W-Fragen sind: was?, wer?, wo?, wann?, wie?, weshalb?

b) Lesen Sie gründlich, markieren Sie wichtige Stellen und notieren Sie hier die Schlüsselwörter.

_____

_____

_____

2 *Beantworten Sie die folgenden Fragen mithilfe Ihrer Textkenntnis.*

a) Warum spüren vor allem mittelständische Unternehmen den Mangel an Auszubildenden?

_____

_____

b) Inwiefern profitieren vor allem Schüler mit schlechten schulischen Leistungen vom Konkurrenzkampf der Unternehmen um Azubis?

_____

_____

c) Wofür steht die Firma Kurtz Ersa stellvertretend?

_____

_____

d) Welche Chancen bieten die firmeninternen Nachhilfen?

_____

_____

_____

3 *Wie lauten der Name der Autorin, die Textsorte, der Titel des Textes, das Publikationsorgan und das Erscheinungsdatum? Schreiben Sie mit den Ergebnissen eine Einleitung
für Ihre Zusammenfassung.*

Tipp
Das Erscheinungs-
datum finden Sie auf
Seite 88 bei den
Textquellen.

_____

_____

_____

_____

4 *Fassen Sie das Thema des Zeitungsartikels in einem Satz zusammen.*

_____

_____

_____

5 *Notieren Sie die wichtigsten Aussagen des Zeitungstextes in Stichwörtern.*

_____

_____

_____

_____

_____

GUT ZU WISSEN | **Einen Sachtext zusammenfassen**

Eine **Zusammenfassung** besteht aus einer Einleitung, einem Hauptteil und dem Schluss.

Die **Einleitung** nennt die Autorin / den Autor, den Titel, die Textsorte, das Erscheinungsdatum und das Publikationsorgan sowie die Thematik des Textes.

Im **Hauptteil** werden die wichtigsten Aussagen sachlich wiedergegeben.

Im **Schlussteil** wird ein Fazit formuliert.

Die Zusammenfassung steht im **Präsens.** Wenn Aussagen zu einem Sachverhalt gemacht werden, der zeitlich davor liegt, schreibt man im Perfekt. Wörtliche Rede geben Sie indirekt wieder.

Die Schreibaufgabe lösen

1 *Erstellen Sie zunächst einen Schreibplan (siehe hintere Umschlagklappe dieses Arbeitsheftes).*

2 *Schreiben Sie die Zusammenfassung. Nutzen Sie dabei Ihre Ergebnisse der vorbereitenden Aufgaben 1 bis 5. Beschränken Sie sich auf zwei Seiten.*

Tipp
Denken Sie daran, Ihre Ausarbeitung zum Schluss zu überprüfen. Berücksichtigen Sie dabei den Check zur Textrevision auf der hinteren Umschlagklappe.

So schätze ich mich jetzt ein

Füllen Sie die Kompetenzchecks erneut aus. Können Sie Veränderungen im Vergleich zum letzten Mal feststellen?

KAPITEL 3

Ein Interview verstehen und dazu einen informierenden Text verfassen

In der Abschlussprüfung wird Folgendes von Ihnen erwartet:

> – Zu einem Interview beantworten Sie zunächst Fragen zum Textverständnis und dokumentieren Ihr Wissen zum Sprachgebrauch.
> – In einem zweiten Aufgabenteil lösen Sie eine Schreibaufgabe, bei der Sie in einer vorgegebenen Situation den Inhalt des Interviews auf Ihre eigene Arbeits- und Lebenswelt beziehen.

Das folgende Interview könnte die Textgrundlage in der Prüfung sein.

Julia Wadhawan: „Wir müssen aufhören, unsere Identität nur in der Arbeit zu suchen"

Interview mit Tatjana Schnell, Professorin für Persönlichkeitspsychologie

jetzt: **Frau Schnell, wenn wir auf eine Party gehen oder neue Leute kennenlernen, fällt irgendwann immer diese Frage: „Und was machst du so?" Warum ist uns das so wichtig?**

Tatjana Schnell: Das spiegelt eine gesellschaftliche Entwicklung wider: Wir verbrin-
5   gen eben die meiste Zeit mit Arbeit. Dadurch identifizieren[1] wir uns zunehmend über
sie.

Woher kommt diese Identifikation mit unserem Job?

Wir haben heute so viele Möglichkeiten wie noch nie. Wir haben die Wahl, wer wir
sein und was wir machen wollen. Wofür wir uns entscheiden, sagt also viel über uns
10 als Mensch aus, während in der Generation meiner Eltern zum Beispiel eher Wohl-
stand, Statussymbole und Familie wichtig waren.

**Von Eltern oder älteren Menschen hört man heute häufig: „Ich wünschte, ich hätte
so viele Möglichkeiten gehabt. Das müsst ihr nutzen!" Ich habe mich irgendwann
gefragt: Was bedeutet das denn? Und bin ich faul, dumm oder undankbar, wenn ich
15 daraus keine besonders individuelle Karriere stricke?**

Das erleben ganz viele so, das hat auch unsere Forschung gezeigt. Ungefähr die Hälfte
der jungen Generation ist überfordert von allem. Die vielen Möglichkeiten bedeuten
ja auch enorme Verantwortung. Viele erleben sich als inkompetent[2], ziehen sich eher
zurück und wollen den Weg des geringsten Widerstands gehen. […] Diese Menschen
20 sind nicht besonders glücklich, aber auch nicht wirklich unglücklich. Die sagen einfach: Ich glaube nicht, dass ich irgendwas bewirken, gestalten oder verändern kann.
Es ist, wie es ist.

Muss ich das denn, um Sinn in meinem Job zu finden?

Unsere Daten haben gezeigt, dass ein Beruf dann als sinnvoll erlebt wird, wenn wir
25 merken, dass andere etwas davon haben. Das ist Selbstwirksamkeit: Ich habe eine
Bedeutung, ich werde gebraucht. Daneben müssen aber noch andere Kriterien erfüllt
sein: Wir müssen mit den Zielen und Werten unseres Arbeitgebers übereinstimmen,
uns zugehörig und wertgeschätzt fühlen. Und die Tätigkeit muss unseren Fähigkeiten
und Interessen entsprechen. […]

1 sich identifizieren:
  sich bestimmen,
  sich definieren
2 inkompetent: unfähig

30 *Also doch die Welt verändern – und sich dabei selbst verwirklichen? Ist das nicht zu viel Druck?*

Das wäre zu weit gefasst. Im Grunde hat ja jeder Job eine Funktion für andere, sonst würde niemand Geld dafür zahlen. Jede Verkäuferin, jede Reinigungskraft, jeder Bus-fahrer tut etwas, von dem andere profitieren. Das müssen wir uns bewusst machen und

35 uns fragen, ob wir damit übereinstimmen. Der Arbeitgeber spielt dabei auch eine große Rolle. Er muss den Mitarbeiter diesen Sinn auch erfahren lassen und ihn wertschätzen. Wenn aber der Fokus[3] nur darauf liegt, schneller und mehr Geld zu verdienen, kann das demotivierend wirken.

Eigentlich arbeiten wir aber doch, um Geld zu verdienen. Reicht das nicht aus? Ich
40 *nehme die Kohle und der Rest ist mir egal?*

Ja, auch das ist ein wichtiger Punkt. […] Aber [der Job] muss nicht mein Lebenssinn sein. Ich kann einen Beruf auch als sinnvoll erleben, weil ich dadurch meine Familie unterstützen kann oder die Mittel habe, andere Dinge zu tun, die mir wichtig sind: Reisen, Zeit mit meiner Familie und Freunden verbringen, kreative Arbeit, Ehrenäm-
45 ter. […]

Wie finde ich heraus, welcher Job für mich sinnvoll wäre?

Zuallererst muss ich mich selbst gut kennenlernen. Hier haben vor allem Jugendliche Probleme, weil es dazu zu wenig Möglichkeiten und Anleitung gibt. Wir müssen hin-terfragen, warum wir etwas tun, denken oder fühlen. Woher kommen meine Ziele, sind
50 das wirklich meine? Oder habe ich die aus irgendwelchen Filmen oder Serien über-nommen? Auch Schulen sollten diese Aufgabe übernehmen und nicht nur Wissen ver-mitteln, sondern auch Selbsterkenntnis lehren. Und sie müssen viel enger mit Jobmittlern und Berufsberatern zusammenarbeiten. In Amerika können sie das etwas besser: Schulen laden dort immer wieder Alumni[4] ein, damit sie von ihren Jobs erzäh-
55 len. Dann würde ich noch sagen, dürfen wir uns nicht so sehr davon abschrecken las-sen, Fehler zu machen. Man darf auch ausprobieren und seine Meinung später ändern.

Kann der Sinn, den wir in einem Job sehen, uns auch überfordern? Stichwort Selbst-aufgabe und Burn-out.

Auf jeden Fall. […] Wir müssen daher auch lernen, uns abzugrenzen. Und wir müs-
60 sen aufpassen, dass wir uns nicht ausnutzen lassen. Wer endlich einen für sich sinn-stiftenden Job gefunden hat, ist oft so froh, dass er die Bedingungen nicht richtig verhandelt.

Wir lassen uns dann leichter über den Tisch ziehen?

Genau. Arbeitgeber nutzen diese Suche nach dem Sinn zunehmend auch aus. Eine
65 amerikanische Studie fand zum Beispiel heraus, dass Zoowärter, die ihren Job aus Leidenschaft und Überzeugung machten, zwar besser arbeiteten – sie verdienten aber auch viel weniger als ihre Kollegen.

Wie muss sich die Rolle der Arbeit in Ihren Augen in der Zukunft verändern?

Durch Maschinen und Computer werden viele Berufe redundant[5]. […] Ich glaube
70 daher, wir müssen aufhören, unsere Identität nur in der Arbeit zu suchen. Denn nicht jeder wird diesen Job finden, es wird nicht mal Jobs für jeden geben. Und wir müssen Arbeit neu definieren. Die Pflege und Betreuung von Angehörigen zum Beispiel – das ist auch Arbeit. Das müssen wir als Gesellschaft anerkennen und aufwerten, indem wir es entlohnen. Es gibt kleine Bewegungen, die dafür kämpfen. Das bedingungslose
75 Grundeinkommen etwa. Das finde ich extrem sinnvoll. Weil es dazu führt, dass wir uns wieder fragen: Was sind wir Menschen eigentlich sonst noch? Und was können wir? Was ist uns wichtig?

www.jetzt.de

3 der Fokus: Hauptaugen-
  merk, Schwerpunkt
4 die Alumni: ehemalige
  Schüler
5 redundant: überflüssig

Teil 1: Textverständnis und Sprachgebrauch überprüfen

Diese Kompetenzen sind gefragt

Schreiben Sie die Vorlage zum Kompetenzcheck von der vorderen Umschlagseite dieses Arbeitsheftes ab und kreuzen Sie an, wie Sie sich einschätzen.

1 *Entscheiden Sie, welche der folgenden Aussagen sich eindeutig aus dem Interview ableiten lassen. Markieren Sie die richtigen Aussagen in der Tabelle mit einem r. Beachten Sie, dass in der Prüfung eine falsche Antwort zu Punktabzug führt.*

Tipp
Die 5-Schritt-Lesemethode, die Sie auf der vorderen Umschlagklappe dieses Arbeitsheftes finden, hilft Ihnen, den Text zu verstehen.

a) Der Mensch identifiziert sich mit seiner Arbeit, weil er die meiste Zeit arbeitet.

b) Circa 50 Prozent der jungen Generation sind mit den Berufsauswahlmöglichkeiten überfordert.

c) Menschen, die den Weg des geringsten Widerstands gehen, sind weder glücklich noch unglücklich.

d) Die Arbeitgeber spielen bei der Berufszufriedenheit überhaupt keine Rolle.

e) Schulen sind für die Vermittlung des Fachwissens da und sollten die Berufsberatung den Fachleuten außerhalb der Schule überlassen.

f) Tatjana Schnell meint, man dürfe bei der Berufswahl auch testen und ausprobieren.

g) Wer seinen Job aus Leidenschaft und Überzeugung macht, verdient mehr als die Kollegen.

h) Die Rolle der Arbeit wird sich in der Zukunft nicht verändern.

a)	b)	c)	d)	e)	f)	g)	h)

2 *Entscheiden Sie, welche der folgenden Aussagen sich eindeutig aus Frau Schnells Antworten ableiten lassen. Markieren Sie die richtigen Aussagen in der Tabelle mit einem r. Beachten Sie, dass in der Prüfung eine falsche Antwort zu Punktabzug führt.*

Ein Beruf ist nach Meinung von Tatjana Schnell dann sinnvoll und erfüllend,

a) wenn wir merken, dass wir in unserem Beruf gebraucht werden,

b) wenn wir in unserem Beruf viel Geld verdienen,

c) wenn wir erfahren, dass wir von unseren Vorgesetzten geschätzt werden,

d) wenn wir wenig zu tun haben,

e) wenn wir uns durch unseren Beruf die Möglichkeit verschaffen, für Familie und Freunde da zu sein,

f) wenn damit ein sozialer Aufstieg verbunden ist.

a)	b)	c)	d)	e)	f)

☆ **3** *Geben Sie in Ihren Worten wieder, was mit den folgenden drei Aussagen von Frau Schnell gemeint ist.*

a) „Wofür wir uns entscheiden, sagt also viel über uns als Mensch aus [...]" (Z. 9 f.)

_____

_____

b) „Im Grunde hat ja jeder Job eine Funktion für andere [...]" (Z. 32)

_____

_____

_____

c) „Und wir müssen Arbeit neu definieren." (Z. 71 f.)

_____

_____

_____

4 *Beantworten Sie anhand der Informationen aus dem Text die folgenden Fragen zur Zukunft der Arbeit:*

a) Warum wird sich die Arbeit der Zukunft verändern?

_____

_____

_____

b) Wie sieht die Rolle der Arbeit in der Zukunft aus?

_____

_____

_____

☆ **5** *Notieren Sie eine sachliche (objektive) und eine wertende (die Meinung des Inter-viewers ausdrückende) Frage aus dem Interview. Erklären Sie, woran Sie die Objektivität oder Wertung sprachlich erkennen.*

Sachliche Frage: _____

Erklärung: _____

Wertende Frage: _____

Erklärung: _____

6 *Verbinden Sie die beiden Sätze jeweils so, dass ein Satzgefüge aus Haupt- und Neben-*
satz oder eine Satzreihe aus zwei Hauptsätzen entsteht. Der Inhalt der Ausgangssätze
soll dabei nicht verändert werden.

Beispiele:
Ich finde meinen Beruf sinnvoll.
Ich werde jeden Tag gebraucht.

*Ich finde meinen Beruf sinnvoll, **da** ich jeden Tag **gebraucht werde.***
(Satzgefüge aus Hauptsatz und Nebensatz)
*Ich finde meinen Beruf sinnvoll, **denn** ich **werde** jeden Tag **gebraucht.***
(Satzreihe aus zwei Hauptsätzen)

a) Die Arbeit der Zukunft wird sich verändern.
In der Zukunft werden viele Menschen durch Maschinen ersetzt werden.

_____

_____

b) Schulen nehmen ihren Erziehungsauftrag ernst.
Sie laden Berufsberater in die Klassen ein.

_____

_____

c) Menschen, die mit Leidenschaft arbeiten, arbeiten besser.
Sie verdienen weniger als ihre Kollegen.

_____

_____

GUT ZU WISSEN	Satzgefüge und Satzreihe

Es gibt zwei Arten von Sätzen: **Hauptsätze** und **Nebensätze.**
Hauptsätze können alleine stehen, Nebensätze jedoch nicht. Das Verb des Satzes steht
im Nebensatz am Schluss. Haupt- und Nebensätze können zu einem Satzgefüge verbunden werden. Nebensätze lassen sich z. B. mit Konjunktionen (Bindewörtern) wie *als,*
weil, sobald, obwohl, wenn oder *da* einleiten. Sie werden vom Hauptsatz durch ein
Komma getrennt.
Beispiel: *Ich finde meinen Beruf sinnvoll, **da** ich jeden Tag **gebraucht werde.***

Hauptsätze können z. B. mit den Konjunktionen *denn, aber* zu einer Satzreihe verbunden
werden.
Beispiel: *Ich finde meinen Beruf sinnvoll, **denn** ich **werde** jeden Tag **gebraucht.***

Teil 2: Die Schreibaufgabe bewältigen

Situation

Die Ausbilder in Ihrer Region möchten die Arbeitszufriedenheit der zukünftigen Auszubildenden verbessern. Deshalb beschließen sie, Informationen zu allen in der Region angebotenen Ausbildungsberufen zu sammeln und online allgemein zugänglich zu machen. Auszubildende aller Branchen werden aufgefordert, ihren Ausbildungsberuf auf zwei Seiten so darzustellen, dass sich interessierte Schulabgängerinnen und Schulabgänger ein genaues Bild machen können. Für die Erstellung der Infoseiten sind die folgenden Gliederungspunkte vorgegeben:
– Was sind die Aufgaben in Ihrem Beruf?
– Wie sieht ein typischer Tagesablauf in Ihrem Beruf aus?
– Welche Kenntnisse und Fähigkeiten werden verlangt?
– Weitere Tipps für Auszubildende
Sie erfahren von dieser Aktion und fühlen sich angesprochen, daran teilzunehmen.

Aufgabe

Notieren Sie in einem ersten Schritt, welche Bedingungen erfüllt sein müssen, damit Sie in Ihrem Beruf zufrieden sind. Beachten Sie dabei auch die Äußerungen von Tatjana Schnell im Interview. Verfassen Sie anschließend einen informativen Text über Ihren Ausbildungsberuf. Orientieren Sie sich an den vorgegebenen Gliederungspunkten.

Diese Kompetenzen sind gefragt

Kreuzen Sie an, wie Sie sich einschätzen.

Kompetenzen	Das kann ich sehr gut	Das kann ich	Das kann ich teilweise	Das trainiere ich
die Aussagen des Interviews erfassen und auf die eigene Situation beziehen				
– wesentliche Inhalte des Interviews von unwesentlichen unterscheiden				
– einen Zusammenhang zwischen den genannten Kriterien der Arbeitszufriedenheit und dem eigenen Ausbildungsberuf herstellen				
– den eigenen Ausbildungsberuf beschreiben				
– die eigenen Ausführungen durch Beispiele veranschaulichen				
– die Ausführungen klar strukturieren				
– die Ausführungen sprachlich überzeugend formulieren				
Zielorientierung, Adressaten- und Situationsbezug berücksichtigen				
– bedenken, warum und mit welchem Ziel geschrieben werden soll				

Kompetenzen	Das kann ich sehr gut	Das kann ich	Das kann ich teilweise	Das trainiere ich
– klären, wer der Empfänger ist				
– die vorgegebenen Gliederungspunkte beachten				
die Ausarbeitung im Hinblick auf sprachliche Richtigkeit überarbeiten				

1 *Notieren Sie in Stichworten die wichtigsten Aufgaben, die zu Ihrem Ausbildungsberuf gehören.*

_____

_____

2 *Notieren Sie in der Tabelle, welche typischen Tätigkeiten Sie im Laufe eines Tages in Ihrem Ausbildungsberuf ausüben und welche Kenntnisse und Fertigkeiten dabei verlangt werden.*

Typische Tätigkeit	verlangt folgende Kenntnisse und Fähigkeiten

3 *Nennen Sie drei Tätigkeiten, die Sie in Ihrem Beruf besonders attraktiv finden. Begründen Sie kurz.*

Tätigkeit	Begründung

4 *Wählen Sie zwei Eigenschaften aus, die Auszubildende haben müssen, um in Ihrem Beruf erfolgreich zu sein. Begründen Sie, warum.*

1. Eigenschaft: _____

Begründung: _____

2. Eigenschaft: _____

Begründung: _____

5 *Setzen Sie sich mit der Frage auseinander, welche Informationen Schulabgängerinnen und Schulabgänger brauchen, bevor sie in Ihren Ausbildungsberuf einsteigen.*

a) Notieren Sie zwei Fragen, die Sie vor Ihrem Einstieg in Ihren Ausbildungsberuf gerne einem Auszubildenden gestellt hätten.

_____

_____

b) Formulieren Sie ausgehend von diesen Fragen drei Tipps für Berufsanfängerinnen und Berufsanfänger in Ihrem Ausbildungsberuf.

1. Tipp: _____

_____

2. Tipp: _____

_____

3. Tipp: _____

_____

GUT ZU WISSEN	Informierend schreiben

Informierendes Schreiben bedeutet, Sachverhalte schriftlich wiederzugeben. Ein informierender Text ist sachlich und damit neutral. Die Leserinnen und Leser sollen Informationen erhalten, aber nicht beeinflusst werden. Wichtig ist eine klare Struktur, damit der Text für den Leser gut nachvollziehbar wird. Der Schreibstil sollte nüchtern, verständlich und der Zielgruppe angemessen sein.

Die Schreibaufgabe lösen

1 *Erstellen Sie zunächst einen Schreibplan (siehe hintere Umschlagklappe dieses Arbeitsheftes).*

2 *Schreiben Sie einen Infotext über Ihren Ausbildungsberuf. Beachten Sie die vorgegebenen Gliederungspunkte. Beschränken Sie sich auf zwei Seiten.*

Tipp
Denken Sie daran, Ihre Ausarbeitung zum Schluss zu überprüfen. Berücksichtigen Sie dabei den Check zur Textrevision auf der hinteren Umschlagklappe.

So schätze ich mich jetzt ein

Füllen Sie die beiden Kompetenzchecks erneut aus. Können Sie Veränderungen im Vergleich zum letzten Mal feststellen?

Einen Zeitungsartikel mit Schaubildern verstehen und als Argumentationsgrundlage nutzen

In der Abschlussprüfung wird Folgendes von Ihnen erwartet:

- Zu einem Zeitungsartikel beantworten Sie zunächst Fragen zum Textverständnis und dokumentieren Ihr Wissen zum Sprachgebrauch. Zudem beziehen Sie Aussagen von Schaubildern auf den Artikel.
- In einem zweiten Aufgabenteil lösen Sie eine Schreibaufgabe, bei der Sie in einer vorgegebenen Situation auf der Grundlage des Artikels an eine festgelegte Zielgruppe eine E-Mail verfassen.

Der folgende Zeitungsartikel und die beiden Schaubilder könnten die Arbeitsgrundlage in der Prüfung sein.

Thomas Öchsner: Ihr von morgen

Zwei Drittel der Erwachsenen trauen den Jüngeren zu, die Demokratie zu verteidigen.

Die Demokratie „kann man keiner Gesellschaft aufzwingen. Sie muss täglich erkämpft und verteidigt werden." Das hat einmal Heinz Galinski gesagt, der frühere Vorsit-
5 zende des Zentralrats der Juden in Deutschland. Diese Aufgabe wird über kurz oder lang der jüngeren Generation zufallen. Aber trauen dies die Älteren den jungen Menschen überhaupt zu?
Das Deutsche Kinderhilfswerk wollte es genau wissen und gab eine repräsentative Umfrage bei Infratest Dimap in Auftrag. Das Ergebnis kann man positiv oder negativ
10 interpretieren: Danach trauen 64 Prozent der mehr als 1000 interviewten Erwachsenen den Kindern und Jugendlichen zu, später die Verantwortung für den Erhalt der Demokratie zu übernehmen. Andererseits zweifelt ein Drittel der Befragten an der Demokratiekompetenz der Jugend.
Dies geht aus dem „Kinderreport Deutsch-
15 land 2017" hervor, den das Kinderhilfswerk in Berlin vorgestellt hat.
Danach ist das Misstrauen in Bezug auf die jüngere Generation bei eher ärmeren Bürgern mit einem Einkommen von unter
20 1.500 Euro besonders ausgeprägt. Hier zeigten sich 43 Prozent pessimistisch, in den eher wohlhabenden Haushalten äußerten sich mehr als zwei Drittel der Befragten optimistisch. Auffällig ist auch,
25 dass die 18- bis 29-Jährigen besonders skeptisch sind, was den Einsatz der noch Jüngeren für die Demokratie angeht. 40 Prozent senkten hier laut der Umfrage den Daumen nach unten. In dem Kinderreport

Bayerischer Landtag:
Im Rahmen eines Planspiels
schlüpfen 146 Schüler in die
Rolle der Abgeordneten.

30 heißt es dazu: „Jugendliche, die nicht erfahren, dass ihre Meinung in der Politik zählt und wahrgenommen wird, haben auch als Erwachsene wenig Vertrauen darin, dass es nachfolgenden Generationen anders ergehen wird, und sind somit demokratischen Prozessen gegenüber kritisch eingestellt."

Der Präsident des Deutschen Kinderhilfswerks, Thomas Krüger, nannte es „besorg-
35 niserregend", dass bereits ein Drittel der Bundesbürger den heutigen Kindern und Jugendlichen so wenig Demokratiekompetenz zutrauten. Darin spiegele sich der eigene fehlende Glaube an die Demokratie wider, der auf die Kinder und Jugendlichen übertragen werde. Dies belegen indirekt auch die Umfrageergebnisse: So vertrauen Anhänger der radikaleren Parteien – der Linken und der AfD – der jungen
40 Generation am wenigsten. Der Jugendforscher Klaus Hurrelmann sieht das Ergebnis der Umfrage jedoch weniger negativ. „Es ist überraschend, dass das Vertrauen in die Jugend so groß ist. Ich hätte das positiv bewertet", sagte er der Deutschen Presseagentur.

Krüger, der hauptamtlich Chef der Bundeszentrale für politische Bildung ist, sprach
45 sich dafür aus, die politische Kompetenz von Kindern und Jugendlichen stärker zu fördern. Dazu wird in dem Report angemerkt: In den vergangenen Jahren „mussten die geisteswissenschaftlichen Fächer immer mehr zugunsten der sogenannten Mint-Fächer (Mathematik, Informatik, Naturwissenschaft und Technik) weichen, die als konkurrenzfähiger und vielversprechender für das Arbeitsleben angesehen werden".
50 Gesellschaftskunde sei aber „kein Gedöns".

Krüger appellierte an die Kulturminister, den Fächern Geschichte, Sozialkunde, Politik wieder einen größeren Platz auf dem Stundenplan einzuräumen. Der Unterricht in den Schulen „dürfe nicht nur dem Homo oeconomicus[1] dienen". Um den Wert der Demokratie jungen Menschen nahezubringen, müssten auch die Bildungsausgaben
55 höher ausfallen. Deutschland liegt hier mit seinen Ausgaben nach wie vor unter dem Durchschnitt des Industriestaaten-Bunds OECD.

Süddeutsche Zeitung

1 Homo oeconomicus: ausschließlich „wirtschaftlich" denkender Mensch

Schaubild 1:

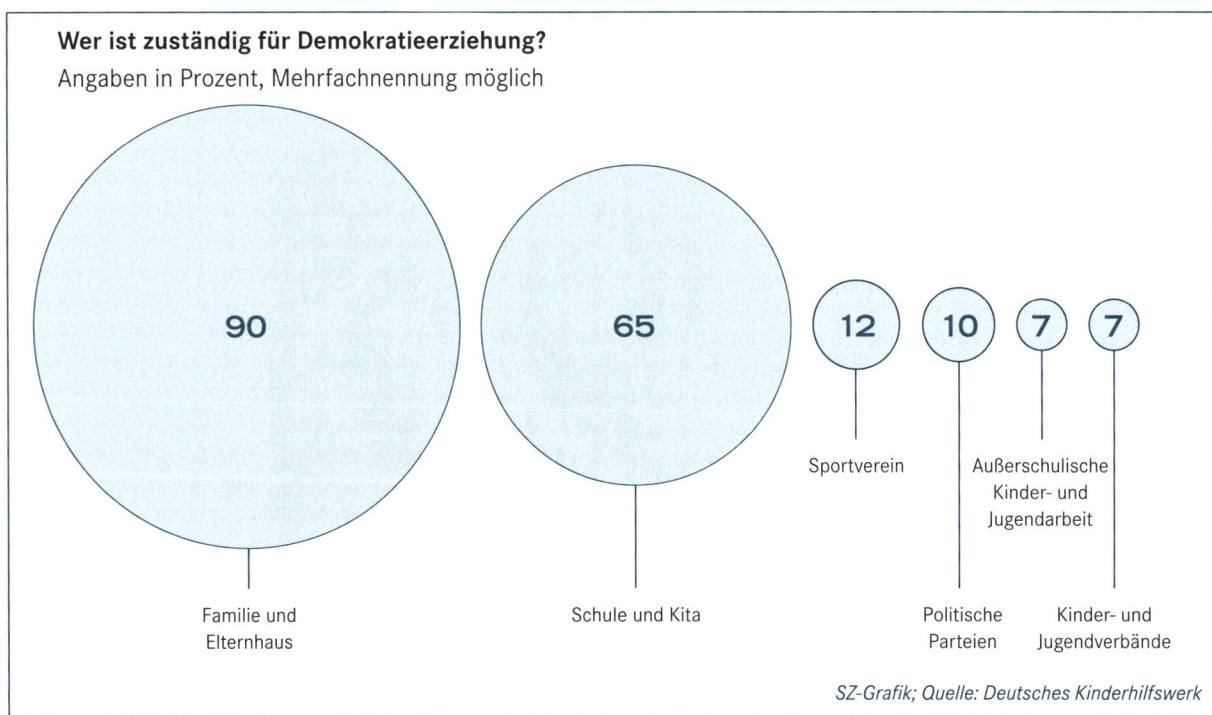

Wer ist zuständig für Demokratieerziehung?
Angaben in Prozent, Mehrfachnennung möglich

90 — Familie und Elternhaus
65 — Schule und Kita
12 — Sportverein
10 — Politische Parteien
7 — Außerschulische Kinder- und Jugendarbeit
7 — Kinder- und Jugendverbände

SZ-Grafik; Quelle: Deutsches Kinderhilfswerk

Schaubild 2:

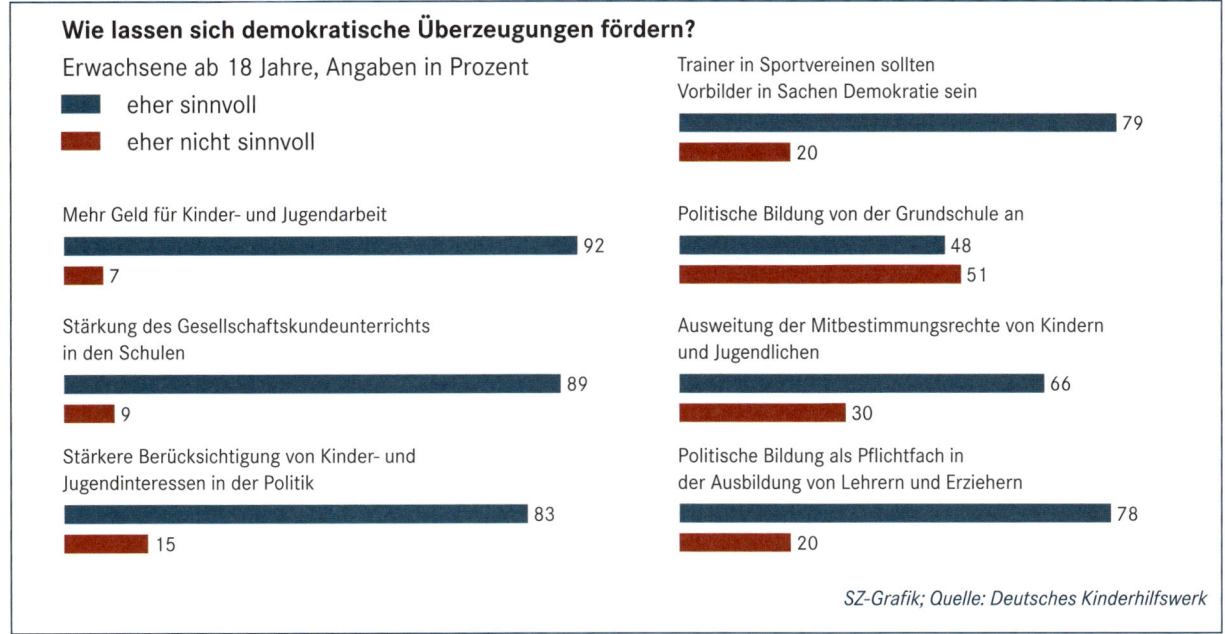

Wie lassen sich demokratische Überzeugungen fördern?

Erwachsene ab 18 Jahre, Angaben in Prozent

- ■ eher sinnvoll
- ■ eher nicht sinnvoll

Trainer in Sportvereinen sollten Vorbilder in Sachen Demokratie sein
79
20

Mehr Geld für Kinder- und Jugendarbeit
92
7

Politische Bildung von der Grundschule an
48
51

Stärkung des Gesellschaftskundeunterrichts in den Schulen
89
9

Ausweitung der Mitbestimmungsrechte von Kindern und Jugendlichen
66
30

Stärkere Berücksichtigung von Kinder- und Jugendinteressen in der Politik
83
15

Politische Bildung als Pflichtfach in der Ausbildung von Lehrern und Erziehern
78
20

SZ-Grafik; Quelle: Deutsches Kinderhilfswerk

Teil 1: Textverständnis und Sprachgebrauch überprüfen

Diese Kompetenzen sind gefragt

Schreiben Sie die Vorlage zum Kompetenzcheck von der vorderen Umschlagseite dieses Arbeitsheftes ab und kreuzen Sie an, wie Sie sich einschätzen.

1 *Entscheiden Sie, welche der folgenden Aussagen sich eindeutig aus dem Text ableiten lassen. Markieren Sie die richtigen Aussagen in der Tabelle mit einem r. Beachten Sie, dass in der Prüfung eine falsche Antwort zu Punktabzug führt.*

a) In einer repräsentativen Studie wurden 1 000 Kinder und Jugendliche interviewt.

b) Etwas weniger als zwei Drittel der Befragten trauen Kindern und Jugendlichen Demokratiekompetenz zu.

c) Das Misstrauen gegenüber der jüngeren Generation ist bei ärmeren Bevölkerungsschichten stärker ausgeprägt.

d) 43 Prozent der wohlhabenden Haushalte äußerten sich optimistisch in Bezug auf die jüngere Generation.

e) Je älter die Befragten sind, desto weniger vertrauen sie der Demokratiefähigkeit der Kinder und Jugendlichen.

f) Der Präsident des Kinderhilfswerks erklärt, dass eigene Politikerfahrungen eine Rolle bei der Bewertung der nachfolgenden Generationen spielen.

g) Anhänger der radikaleren Parteien vertrauen den Jugendlichen weniger als die Parteien der Mitte.

h) Nach Aussage der Studie sollen die Mint-Fächer gestärkt werden.

Tipp
Die 5-Schritt-Lesemethode, die Sie auf der vorderen Umschlagklappe dieses Arbeitsheftes finden, hilft Ihnen, den Text zu verstehen.

a)	b)	c)	d)	e)	f)	g)	h)

2 *Wie bewerten Thomas Krüger (Präsident des Kinderhilfswerks) und Klaus Hurrelmann (Jugendforscher) die Umfrageergebnisse der Studie?*

a) Stellen Sie die unterschiedlichen Bewertungen in Stichworten in der Tabelle dar.

b) Tragen Sie die entsprechende Textstelle (Zeilenangabe) in die Tabelle ein.

	Bewertung	Textstelle
Thomas Krüger		
Klaus Hurrelmann		

3 *Thomas Krüger fordert eine Stärkung der politischen Kompetenz der Kinder und Jugendlichen (vgl. Z. 44 ff.). Erklären Sie den Begriff „politische Kompetenz".*

_____

_____

4 *Thomas Krüger macht auch einen Vorschlag, wie diese Kompetenz gefördert werden kann. Notieren Sie, was Herr Krüger vorschlägt (mit Zeilenangabe).*

_____

_____

5 *Die folgenden Aussagen beziehen sich auf die Ergebnisse, die in den Schaubildern 1 und 2 dargestellt werden. Welche der folgenden Aussagen kann man den Schaubildern eindeutig entnehmen? Markieren Sie die richtigen Aussagen in der Tabelle mit einem r. Beachten Sie, dass in der Prüfung eine falsche Antwort zu Punktabzug führt.*

a) 65 Befragte weisen den Schulen und Kindertagesstätten die Zuständigkeit für Demokratieerziehung zu.

b) Die Familien sind nach Angaben der Befragten die Träger der Demokratievermittlung in unserer Gesellschaft.

c) Kinder- und Jugendverbände spielen nach Aussagen der Befragten nur eine untergeordnete Rolle bei der Demokratieerziehung.

d) Eine stärkere Beachtung der Interessen und Mitbestimmungsrechte von Kindern und Jugendlichen hält die Mehrheit der Befragten für sinnvoll zur Förderung demokratischer Überzeugungen.

e) Eine knappe Mehrheit sieht eine politische Bildung schon in der Grundschule als sinnvoll an.

f) Eine Stärkung der politischen Bildung in der Lehrerausbildung und im Unterricht wird mehrheitlich abgelehnt.

g) 20 Prozent der Befragten lehnen die Vorbildfunktion von Trainern in Sportvereinen in Sachen Demokratie ab.

a)	b)	c)	d)	e)	f)	g)

Informationen in Form von Schaubildern und Diagrammen

Schaubilder sind grafisch gestaltete Informationen zu einem Sachverhalt. Sie können Bilder, Symbole, Diagramme und Textelemente enthalten, wobei die Wahl der Darstellung von der Aussageabsicht abhängig ist. **Diagramme** sind eine spezielle Form von Schaubildern:

- **Kreisdiagramm:** Es vermittelt Anteilsverhältnisse einer Gesamtheit (z. B. 80 Prozent); es wird unübersichtlich, wenn zu viele Aspekte visualisiert werden.
- **Säulen-/Balkendiagramm:** Es vermittelt einen Eindruck von Größenverhältnissen, die im Vergleich dargestellt werden. Im Balkendiagramm werden Daten durch waagerecht liegende, im Säulendiagramm durch senkrecht stehende Balken dargestellt.
- **Kurven-/Liniendiagramm:** Es zeigt Entwicklungsverläufe in einem zeitlichen Rahmen.
- **Organigramm:** Es stellt Strukturen dar; organisatorische Einheiten werden ersichtlich.

6 *Formulieren Sie die folgenden Sätze und Teilsätze in eigenen Worten, ohne den Inhalt zu verändern. Die unterstrichenen Wörter und Satzteile dürfen Sie dabei nicht verwenden.*

a) Dies geht aus dem „Kinderreport Deutschland 2017" hervor […] (Z. 14 f.)

_____

b) Krüger, der hauptamtlich Chef der Bundeszentrale für politische Bildung ist, sprach sich dafür aus […] (Z. 44 f.)

_____

_____

c) Gesellschaftskunde sei aber „kein Gedöns". (Z. 50)

_____

7 *In dem Zeitungsartikel werden einige Aussagen des Präsidenten des Deutschen Kinderhilfswerks, Thomas Krüger, als indirekte Rede wiedergegeben. Formulieren Sie diese Sätze in direkte Rede um. Nutzen Sie eventuell* GUT ZU WISSEN *von Seite 68.*

Indirekte Rede	Direkte Rede
Darin spiegele sich der eigene fehlende Glaube an die Demokratie wider, der auf die Kinder und Jugendlichen übertragen werde. (Z. 36 ff.)	Thomas Krüger sagt:
Der Unterricht in den Schulen „dürfe nicht nur dem Homo oeconomicus dienen". (Z. 52 f.)	Thomas Krüger mahnt:

8 *In dem Zeitungsartikel finden sich auch Aussagen, die als direkte (wörtliche) Rede wiedergegeben werden. Formulieren Sie diese Sätze in indirekte Rede um. Nutzen Sie* GUT ZU WISSEN *(siehe S. 36).*

Direkte Rede	Indirekte Rede
„[Die Demokratie] kann man keiner Gesellschaft aufzwingen. Sie muss täglich erkämpft und verteidigt werden." Das hat einmal Heinz Galinski gesagt […] (Z. 3 f.)	Heinz Galinski hat einmal gesagt,
„Es ist überraschend, dass das Vertrauen in die Jugend so groß ist […]", sagte er der Deutschen Presseagentur. (Z. 41)	Er sagte der Deutschen Presseagentur,

GUT ZU WISSEN   **Indirekte Rede**

Beziehen Sie sich inhaltlich auf Aussagen eines Textes, um Ihren Standpunkt und Ihre Argumentation zu stützen oder zu veranschaulichen, dann zitieren Sie üblicherweise in der indirekten Rede. Das Verb, das Sie in der indirekten Rede verwenden, steht in der Regel im **Konjunktiv I.** Personal- und Possessivpronomen müssen Sie angleichen, auch die Zeichensetzung ändert sich.

Beispiel: *Der Politikwissenschaftler sagt: „**Ich** bin besorgt über das Demokratieverständnis **meiner** Studenten."*

*Der Politikwissenschaftler sagt, **er sei** besorgt über das Demokratieverständnis **seiner** Studenten.*

Wenn Sie die Textwiedergabe mit der Konjunktion *dass* einleiten, darf das Verb im Indikativ oder im Konjunktiv stehen.

Beispiel: *Der Politikwissenschaftler sagt, **dass** er besorgt **ist.***

*Der Politikwissenschaftler sagt, **dass** er besorgt **sei.***

Teil 2: Die Schreibaufgabe bewältigen

Situation

Die Internetgruppe Young Democracy hat die Ergebnisse der Studie des Deutschen Kinderhilfswerks ebenfalls veröffentlicht. Young Democracy wurde von engagierten Jugendlichen gegründet und versteht sich als Diskussionsplattform für junge Menschen mit dem Ziel, das Demokratieverständnis der jungen Generation zu fördern. Um die Demokratieerziehung zu verbessern, schlägt die Internetgruppe vor, den Gemeinschaftskundeunterricht an der beruflichen Schule zu stärken. Die Leserinnen und Leser werden gebeten, per E-Mail an die Adresse info@youngdemocracy.de zu diesem Vorschlag Stellung zu nehmen.

Aufgabe

Schreiben Sie eine E-Mail an die Internetgruppe Young Democracy, in der Sie sich für oder gegen die Stärkung des Gemeinschaftskundeunterrichts an der beruflichen Schule aussprechen und Ihre Stellungnahme mit Argumenten untermauern. Beziehen Sie die Ergebnisse der Studie des Deutschen Kinderhilfswerks in Ihre Argumentation mit ein.

Diese Kompetenzen sind gefragt

Kreuzen Sie an, wie Sie sich einschätzen.

Kompetenzen	Das kann ich sehr gut	Das kann ich	Das kann ich teilweise	Das trainiere ich
die Aussagen von Texten und Schaubildern erkennen und als Grundlage für eigene Gedanken nutzen				
– Inhalt und Bedeutung einzelner Textpassagen erfassen				
– Schaubilder deuten				
– für das Thema Wesentliches von Unwesentlichem unterscheiden				
– Argumente finden und sprachlich überzeugend formulieren				
– die Argumente durch Beispiele, Erläuterungen und Analogien veranschaulichen				
– die Argumente logisch und steigernd anordnen				
Zielorientierung, Adressaten- und Situationsbezug berücksichtigen				
– bedenken, warum und mit welchem Ziel geschrieben werden soll				
– klären, wer der Empfänger ist				
– eine klare und der Zielgruppe angemessene Sprache wählen				
– das Anredepronomen *Sie* und seine Formen großschreiben				
die Ausarbeitung im Hinblick auf sprachliche Richtigkeit überarbeiten				

1 *Der Zeitungsartikel und die Schaubilder beziehen sich auf dieselbe Umfrage. Nennen Sie den Auftraggeber der Studie und stellen Sie dar, welche Personen befragt wurden.*

_____

_____

2 *Beschreiben Sie die zentralen Fragestellungen.*

a) Wie lautet die Fragestellung, die dem Text zugrunde liegt?

_____

_____

b) Wie unterscheidet sie sich von den Fragestellungen der Schaubilder?

_____

_____

37

3 *Notieren Sie die wichtigsten Ergebnisse der Umfrage in der unten stehenden Tabelle.*

Ergebnisse des Textes	Ergebnisse der Schaubilder
1. _____ _____ _____ 2. _____ _____ _____ 3. _____ _____ _____	1. _____ _____ _____ 2. _____ _____ _____ 3. _____ _____ _____

☆ **4** *Notieren Sie, welche Aussagen der Studie Sie besonders nachdenklich stimmen. Begründen Sie.*

_____

_____

_____

☆ **5** *Welche Ergebnisse aus dem Schaubild 2 belegen folgende Aussagen aus dem Zeitungstext? Formulieren Sie jeweils ein Ergebnis mit Prozentzahl.*

Die Demokratie „kann man keiner Gesellschaft aufzwingen. Sie muss täglich erkämpft und verteidigt werden." (Heinz Galinski, Z. 3 f.)

_____

_____

_____

Der Unterricht an den Schulen „dürfe nicht nur dem Homo oeconomicus dienen".
(Thomas Krüger, Z. 52 f.)

_____

_____

6 *Formulieren Sie drei Argumente, die Ihre Stellungnahme für oder gegen die Stärkung des Gemeinschaftskundeunterrichts an beruflichen Schulen stützen. Nutzen Sie* GUT ZU WISSEN *von Seite 40.*

Argument 1: _____

_____

Argument 2: _____

_____

Argument 3: _____

_____

7 *Wählen Sie eines Ihrer Argumente aus Aufgabe 6 und führen Sie es mithilfe von Beispielen und Belegen weiter aus.*

_____

_____

_____

_____

_____

_____

8 *Setzen Sie sich mit den Anforderungen der Aufgabenstellung auseinander und beantworten Sie die folgenden Fragen. Nutzen Sie auch* GUT ZU WISSEN *von Seite 13 „Eine E-Mail schreiben".*

a) An wen schreiben Sie die E-Mail?

_____

b) Was erfahren Sie aus der Aufgabenstellung über den Adressaten?

_____

_____

c) Welche Auswirkungen hat dies sprachlich auf Ihre E-Mail?

_____

_____

d) Formulieren Sie einen Betreff für Ihre E-Mail.

_____

_____

e) Was wollen Sie mit Ihrer E-Mail bewirken?

_____

_____

_____

_____

GUT ZU WISSEN	Argumentieren

Eine Stellungnahme überzeugt durch schlüssige Argumente, die Ihre Behauptungen (Thesen) und Ihren Standpunkt begründen. Sie argumentieren besonders erfolgreich und überzeugend, wenn sich Ihre Argumente auf überprüfbare Tatsachen stützen. Argumente sollten durch Beispiele, Erläuterungen oder Analogien entfaltet werden. Das kann zu einer Folgerung führen, die wieder auf die Behauptung verweist.

Beispiel:

These: Das Demokratiebewusstsein junger Menschen sollte gefördert werden,

Argument: weil immer weniger Menschen unter 30 Jahren Demokratie positiv sehen.

Entfalten des Arguments: Eine neue Jugendstudie zu diesem Thema führt an, dass vor allem die 18- bis 29-Jährigen der Demokratie skeptisch gegenüberstehen und in ihrem Umfeld zu wenig Demokratie erfahren.

Folgerung: Die Schule sollte ihren Auftrag aus der Landesverfassung stärker wahrnehmen, z. B. durch eine Stärkung des Gemeinschaftskundeunterrichts.

Die Schreibaufgabe lösen

1 *Erstellen Sie zunächst einen Schreibplan (siehe hintere Umschlagklappe dieses Arbeitsheftes).*

2 *Schreiben Sie die E-Mail. Nehmen Sie Bezug auf die Umfrage zum Demokratieverständnis junger Menschen und führen Sie Ihre Argumente für oder gegen eine Stärkung des Gemeinschaftskundeunterrichts an beruflichen Schulen aus. Beschränken Sie sich auf zwei Seiten.*

Tipp
Denken Sie daran, Ihre Ausarbeitung zum Schluss zu überprüfen. Berücksichtigen Sie dabei den Check zur Textrevision auf der hinteren Umschlagklappe.

So schätze ich mich jetzt ein

Füllen Sie die beiden Kompetenzchecks erneut aus. Können Sie Veränderungen im Vergleich zum letzten Mal feststellen?

KAPITEL 5

Einen Kommentar verstehen und dazu in einem Leserbrief Stellung nehmen

In der Abschlussprüfung wird Folgendes von Ihnen erwartet:

- Zu einem Kommentar beantworten Sie zunächst Fragen zum Textverständnis und dokumentieren Ihr Wissen zum Sprachgebrauch.
- In einem zweiten Aufgabenteil lösen Sie eine Schreibaufgabe, bei der Sie in einem Leserbrief zum Thema Stellung nehmen.

Der folgende Zeitungsartikel (Kommentar) könnte die Arbeitsgrundlage in der Prüfung sein.

Helmut Martin-Jung: Angst vor Technik ist irrational

Wenn es um technischen Fortschritt geht, vertrauen Menschen eher ihren Gefühlen als den Fakten. Mehr rationales[1] Denken würde helfen: Die Technik hat mehr Vorteile gebracht als Gefahren.

Mal kurz gefragt: Wer guckt beim Autofahren manchmal auf sein Smartphone? Wer
5 hat im Auto schon mal nach der runtergefallenen brennenden Zigarette gesucht, hat
sich von Musik ablenken lassen oder von einem hitzigen Gespräch? Gründe dafür,
warum der Mensch am Steuer und überhaupt im Zusammenwirken mit Technik Fehler macht, gibt es nahezu unendlich viele. Ihnen allen ist eines gemein: Eine Maschine
würde diese Fehler nicht machen.
10 Maschinen rauchen nicht, sie gucken nicht aufs Handy, sind nicht verliebt, traurig
oder verärgert, sie werden nicht müde. Schon klar: Maschinen können auch kaputtgehen oder eine Fehlfunktion haben. Aber dass sich Menschen zu einem großen Teil
für die besseren Lenker und Steuerer halten, wie eine gerade veröffentlichte Studie der
Bertelsmann-Stiftung ergeben hat, ist irrational[2]. Die Menschen täten daher gut
15 daran, solche Fragen eher mit dem Verstand als mit dem Gefühl zu entscheiden.
Es mag ja ein zu hoch gestecktes Ziel sein, dass sich die Autoindustrie vorgenommen
hat, die Zahl der Verkehrsunfälle auf null zu senken. So viel Leid das auch ersparen
würde, ganz wird sich diese Hoffnung nicht erfüllen, das haben viele Unfälle gezeigt,
bei denen technisches Versagen die Ursache war. Aber mehr Automatisierung, das ist
20 die einhellige Meinung der Experten, würde die Zahl von Unfällen drastisch verrin-
gern.
Trotzdem geben in der Bertelsmann-Studie zwei Drittel der Befragten an, sie würden
der Technik misstrauen. Sie fürchten, in einen Unfall verwickelt zu werden, ohne
dabei die Kontrolle zu haben. Anders gesagt: Sie haben Angst, der Technik hilflos
25 ausgeliefert zu sein. Dabei passieren doch weit mehr Fehler, wenn der Mensch die
Kontrolle hat. Woher aber kommt diese irrationale Furcht vor den Maschinen?
Die Sache liegt an einer sehr menschlichen Eigenheit. Wenn es brenzlig wird, wenn
irgendwie Gefahr im Verzug ist, neigen Menschen dazu, aus dem Bauch zu entscheiden. Die Macht der Intuition[3] sollte man auch nicht unterschätzen. In vielen Fällen
30 aber führt eine solche Herangehensweise dazu, sich auf Erprobtes, Bewährtes – und
vor allem Gewohntes – zu verlassen. Obwohl seit Langem bekannt ist, dass das
Gefährlichste am Fliegen der Weg vom und zum Flughafen ist, wird den meisten eher

1 rational: logisch erklärbar
2 irrational: Gegenteil von rational
3 die Intuition: Eingebung

35 mulmig, wenn eine Turbulenz den Flieger wackeln lässt, als bei einem Überholmanöver auf der Landstraße auf dem Weg zum Airport. Obwohl Letzteres statistisch gesehen das weitaus größere Risiko birgt.

Aber wenn das Gefühl spricht, hat die Statistik, naturgemäß eine trocken-nüchterne Angelegenheit, einen schweren Stand. Spezifisch deutsch ist das nicht, in Deutschland aber ist eine Art von Grundskepsis gegenüber der Technik ziemlich ausgeprägt. Und das, obwohl man überwiegend von der Technik, von Fahrzeug- und Maschinenbau,
40 lebt. Während man in anderen Ländern eher geneigt ist, etwas einfach einmal auszuprobieren, melden sich hier als Erstes immer die Bedenkenträger.

[…] Natürlich muss vorher auch bedacht werden, welche Risiken entstehen könnten. Doch oft ist es eben so: Probiert man es nicht aus, findet man's auch nicht heraus. Und summa summarum[4] hat die Evolution der Technik den Menschen mehr Gutes als
45 Nachteile gebracht – bei aller nötigen Kritik an Dingen wie Ressourcenverschwendung oder Klimawandel.

Was also ist zu tun? Der Einzelne sollte versuchen, in solchen Fragen eher informierte Entscheidungen zu treffen […]. Im Bildungssystem sollte noch stärker als bisher vermittelt werden, wie anders die Dinge aussehen können, wenn man sie einmal rational
50 betrachtet. […]

Wir müssen nicht werden wie Homo Faber, Max Frischs[5] trauriger Romanheld, der nichts kennen wollte außer Zahlen und Wahrscheinlichkeiten. Etwas mehr rationales Denken anstatt vorgefasster Bedenken aber würde weiterhelfen in einer Welt, die ohne Technik schon lange nicht mehr auskommt.

Süddeutsche Zeitung

4 summa summarum: alles in allem; insgesamt
5 Max Frisch: Schweizer Schriftsteller des 20. Jahrhunderts

Teil 1: Textverständnis und Sprachgebrauch überprüfen

Diese Kompetenzen sind gefragt

Schreiben Sie die Vorlage zum Kompetenzcheck von der vorderen Umschlagseite dieses Arbeitsheftes ab und kreuzen Sie an, wie Sie sich einschätzen.

1 *Entscheiden Sie, welche der folgenden Aussagen sich eindeutig aus dem Text ableiten lassen. Markieren Sie die richtigen Aussagen in der Tabelle mit einem r. Beachten Sie, dass in der Prüfung eine falsche Antwort zu Punktabzug führt.*

a) Der Vorteil von Maschinen gegenüber dem Menschen ist, dass sie nicht kaputtgehen.

b) Die Automobilindustrie hat sich das Ziel gesetzt, dafür zu sorgen, dass es keine Verkehrsunfälle mehr gibt.

c) Die Automatisierung würde nach Meinung von Experten die Anzahl der Unfälle kaum beeinflussen.

d) Je größer und näher die Gefahr ist, desto rationaler entscheiden Menschen.

e) Der Weg zum Flughafen ist statistisch gesehen gefährlicher als der anschließende Flug.

f) Die Schulen sollen nach Ansicht des Autors den Schülerinnen und Schülern vermitteln, Dinge auch rational zu sehen.

g) Statistische Aussagen helfen, die Ängste der Menschen zu beseitigen.

a)	b)	c)	d)	e)	f)	g)

Tipp
Die 5-Schritt-Lesemethode, die Sie auf der vorderen Umschlagklappe dieses Arbeitsheftes finden, hilft Ihnen, den Text zu verstehen.

☆ **2** *Kommentare enthalten neben sachlichen Passagen auch wertende Textstellen, die die Meinung des Autors andeuten. Entscheiden Sie, welche der folgenden Zitate wertend sind. Markieren Sie die entsprechenden Aussagen in der Tabelle mit einem x.*

a) Gründe dafür, warum der Mensch am Steuer und überhaupt im Zusammenwirken mit Technik Fehler macht, gibt es nahezu unendlich viele. (Z. 6 ff.)

b) Maschinen können auch kaputtgehen oder eine Fehlfunktion haben. (Z. 11 f.)

c) Die Menschen täten daher gut daran, solche Fragen eher mit dem Verstand als mit dem Gefühl zu entscheiden. (Z. 14 f.)

d) Es mag ja ein zu hoch gestecktes Ziel sein, dass sich die Automobilindustrie vorgenommen hat, die Zahl der Verkehrsunfälle auf null zu senken. (Z. 16 f.)

e) Sie haben Angst, der Technik hilflos ausgeliefert zu sein. (Z. 24 f.)

f) Natürlich muss vorher auch bedacht werden, welche Risiken entstehen könnten. (Z. 42)

a)	b)	c)	d)	e)	f)

☆ **3** *Formulieren Sie den Inhalt der beiden folgenden Sätze in eigenen Worten.*

Aber wenn das Gefühl spricht, hat die Statistik […] einen schweren Stand. (Z. 36 f.)

_____

_____

_____

Etwas mehr rationales Denken anstatt vorgefasster Bedenken aber würde weiterhelfen in einer Welt, die ohne Technik schon lange nicht mehr auskommt. (Z. 52 ff.)

_____

_____

_____

4 *Ergänzen Sie die Lücken des Leserbriefauszugs mit den Wörtern aus dem Kasten unten.*

> **Tipp**
> Beachten Sie den Unterschied zwischen der höflichen Anrede *Sie* (Großschreibung) und den Personalpronomen *sie, ihren, ihnen …* Diese werden kleingeschrieben.

Ich werfe _____ vor, dass _____ die Menschen zu einfach beschreiben. _____

behaupten, dass den Menschen Technik egal ist. Ich halte das für falsch, denn _____ ver-

gessen, wie wichtig die Technik für viele ist. Deshalb meine ich, dass _____ unrecht

haben.

Außerdem sind die Lehrer gar nicht so schlecht. _____ aber kritisieren _____ Unter-

richt und werfen _____ vor, dass _____ im Unterricht kaum technisches Wissen ver-

mitteln. Aber die Lehrer tun, was _____ können, _____ tun, was von _____ verlangt

wird.

Sie – Sie – Sie – Sie – Sie – sie – sie – sie – Ihnen – ihnen – ihnen – ihren

GUT ZU WISSEN	Höfliche Anrede / Anredepronomen

Das **höfliche Anredepronomen** *Sie* und seine grammatischen Formen wie z. B. *Ihnen, Ihr, Ihre* werden großgeschrieben.
Beispiel: *Das sehen **Sie** falsch. Das werfe ich **Ihnen** vor.*

Die **vertraulichen Anredepronomen** *(du, ihr, dein, euer)* werden kleingeschrieben. In Briefen können sie allerdings auch großgeschrieben werden.

5 *Formen Sie die folgenden beiden Sätze wie im Beispiel ins Aktiv um.*

Beispiel: *Außerdem wurde von uns erkannt, welche Rolle die Technik spielt.* (Passiv)
Außerdem erkannten wir, welche Rolle die Technik spielt. (Aktiv)

Natürlich wurde von den Technikern bedacht, welche Risiken entstehen können.

_____

_____

In den Schulen wird von den Lehrkräften stärker als bisher vermittelt, welche Bedeutung die technische Entwicklung hat.

_____

_____

GUT ZU WISSEN	Aktiv und Passiv

Aktiv und Passiv sind zwei Handlungsformen, mit denen man ein Geschehen aus unterschiedlichen Blickwinkeln darstellen kann.
– Mit Verbformen im **Aktiv** kann man die **handelnde Person** in den **Vordergrund** stellen.
– Mit Verbformen im **Passiv** kann man ausdrücken, was mit einer Person oder Sache **geschieht.** Es wird oft zur Beschreibung von Vorgängen oder Arbeitsabläufen verwendet.
Das Passiv wird mit ***werden*** und dem **Partizip II** gebildet.

Wird ein Satz vom Aktiv ins Passiv umgewandelt, betrachtet man zunächst das Akkusativobjekt (*wen* oder *was?*). Aus dem Akkusativobjekt bildet man das Subjekt des Passivsatzes (*wer* oder *was?*).
Beispiel:
Aktiv: <u>Die Lehrer</u> **unterrichten** *die Schüler.*

Passiv: *Die Schüler* **werden** <u>von den Lehrern</u> **unterrichtet.**

Teil 2: Die Schreibaufgabe bewältigen

Situation

Die Redaktion der Süddeutschen Zeitung bietet ihren Leserinnen und Lesern die Möglichkeit an, zu den Kommentaren Stellung zu beziehen und einen Leserbrief zu schreiben.

Aufgabe

Sie fühlen sich von diesem Angebot angesprochen und nehmen in einem Leserbrief zu den Aussagen des Autors Helmut Martin-Jung Stellung.

Diese Kompetenzen sind gefragt

Kreuzen Sie an, wie Sie sich einschätzen.

Kompetenzen	Das kann ich sehr gut	Das kann ich	Das kann ich teilweise	Das trainiere ich
die Aussagen eines Kommentars verstehen und als Grundlage für eine Stellungnahme nutzen				
– Inhalt und Bedeutung einzelner Textpassagen erfassen				
– Sachaussagen und Wertungen unterscheiden				
– eine eigene Position einnehmen				
einen Leserbrief verfassen				
– den Bezug zum Text/Kommentar herstellen				
– die eigene Position mit Argumenten schlüssig begründen				
– die Argumente entfalten				
– die Argumentation übersichtlich gliedern				
– die Argumentation sprachlich überzeugend formulieren				
Zielorientierung, Adressaten- und Situationsbezug berücksichtigen				
– bedenken, warum und mit welchem Ziel geschrieben werden soll				
– klären, wer der Empfänger ist				
– eine klare und der Zielgruppe angemessene Sprache wählen				
– das Anredepronomen Sie und seine Formen großschreiben				
die Ausarbeitung im Hinblick auf sprachliche Richtigkeit überarbeiten				

1 *Untersuchen Sie den Kommentar.*

a) Notieren Sie zu den drei fett gedruckten Eingangssätzen, die den Text zusammenfassen, jeweils eine passende Aussage aus dem Text.

Wenn es um technischen Fortschritt geht, vertrauen Menschen eher ihren Gefühlen als den Fakten.

_____

_____

Mehr rationales Denken würde helfen.

_____

_____

Die Technik hat mehr Vorteile gebracht als Gefahren.

_____

_____

☆ *b)* Formulieren Sie zu jeder der drei oben angeführten Aussagen des Textes ein passendes Argument und notieren Sie dazu überzeugende Beispiele.

Textaussage	Argument	Beispiel

2 *Bei aller Kritik zeigt der Autor auch Verständnis für die Ängste der Menschen.*
Notieren Sie sinngemäß zwei Äußerungen, die dies belegen.

Äußerung 1: _____

_____

Äußerung 2: _____

_____

3 *Seinen Text beginnt Helmut Martin-Jung mit verschiedenen Fragen. Erklären Sie, was er damit bezweckt.*

_____

_____

4 *Dass Menschen der Technik skeptisch gegenüberstehen, ist nicht immer unbegründet. Der Autor benennt in seinem Kommentar Ursachen, warum Menschen Vorbehalte gegen die Technik haben. Notieren Sie zwei dieser Ursachen in eigenen Worten.*

Ursache 1: _____

_____

_____

Ursache 2: _____

_____

_____

5 *Der Autor erkennt eine in Deutschland ziemlich ausgeprägte Grundskepsis gegenüber der Technik (vgl. Z. 37 f.). Ist diese Behauptung berechtigt? Formulieren Sie für jede Position eine überzeugende Begründung.*

Ja, diese Behauptung stimmt, weil:_____

_____

_____

Nein, diese Behauptung stimmt nicht, weil:_____

_____

_____

6 *Formulieren Sie Ihre eigene Position zum Thema Mensch und Technik in einem Satz.*

_____

_____

_____

7 *Notieren Sie drei weitere Argumente, die Ihre Position zum Thema Mensch und Technik stützen. Nummerieren Sie Ihre Argumente nach ihrer Schlagkraft in der hinteren Spalte mit den Zahlen 1 (stärkstes Argument) bis 3 (schwächstes Argument).*

Argument:	
Argument:	
Argument:	

> **Tipp**
>
> Sie haben verschiedene Möglichkeiten, sich zu positionieren. Stimmen Sie der Autorin / dem Autor zu, sollten Sie ihre / seine Position nicht nur bejahen, sondern weitere Aspekte ergänzen. Vertreten Sie jedoch eine Gegenposition, sollten Sie eigene Argumente anführen und durch Beispiele stützen.

GUT ZU WISSEN **Einen Leserbrief verfassen**

Mit einem Leserbrief nehmen Sie zu einer Aussage oder einem Problem, das in einem Zeitungsartikel angesprochen wird, Stellung. Ihr Ziel ist es, die Leserinnen und Leser von Ihrer Position zu überzeugen. Das bedeutet, dass Sie Ihre Position darlegen und mit schlagkräftigen Argumenten untermauern. Ihre Argumentation wird vor allem dann überzeugen, wenn Sie den gegnerischen Standpunkt aufgreifen und entschärfen.

Einen Leserbrief können Sie folgendermaßen strukturieren:
Überschrift: Mit einem Schlagwort oder der Hauptaussage wecken Sie das Interesse.
Einleitung: Sie stellen den Bezug zum vorliegenden Text her und führen zum Thema hin.
Hauptteil: Sie nehmen Stellung zu den Aussagen des Textes.
Schlussteil: Sie fordern die Leserinnen und Leser auf, Ihre Aspekte zu berücksichtigen.

Die Schreibaufgabe lösen

1 *Erstellen Sie zunächst einen Schreibplan (siehe hintere Umschlagklappe dieses Arbeitsheftes).*

2 *Schreiben Sie den Leserbrief. Nehmen Sie Bezug auf den Kommentar und führen Sie Ihre eigene Position zum Thema Mensch und Technik aus. Beschränken Sie sich auf zwei Seiten.*

> **Tipp**
>
> Denken Sie daran, Ihre Ausarbeitung zum Schluss zu überprüfen. Berücksichtigen Sie dabei den Check zur Textrevision auf der hinteren Umschlagklappe.

So schätze ich mich jetzt ein

Füllen Sie die beiden Kompetenzchecks erneut aus. Können Sie Veränderungen im Vergleich zum letzten Mal feststellen?

KAPITEL 6

Eine Kurzgeschichte verstehen und Figuren charakterisieren

In der Abschlussprüfung wird Folgendes von Ihnen erwartet:

– Auf der Grundlage eines literarischen Textes beantworten Sie zunächst Fragen zum Textverständnis und dokumentieren Ihr Wissen zum Sprachgebrauch.
– In einem zweiten Aufgabenteil lösen Sie eine Schreibaufgabe, bei der Sie in einer vorgegebenen Situation für eine festgelegte Zielgruppe die Hauptfigur des vorliegenden literarischen Textes charakterisieren.

Die folgende Kurzgeschichte könnte die Textgrundlage in der Prüfung sein.

Jörn Birkholz: Zug um Zug (2014)

„Immer derselbe Mist!", fluchte die stämmige Frau neben Glogowski.
Er lächelte zustimmend, und beide schauten fast gleichzeitig zur Anzeigetafel hinauf. Der ICE nach München hatte jetzt bereits zweiundzwanzig Minuten Verspätung. Ursprünglich sollten es zehn Minuten sein, dann erhöhte man auf zwanzig, und
5 gerade kam die Durchsage, dass sich die Ankunft in Bremen um satte fünfundvierzig Minuten verschieben sollte.
Der Bahnsteig füllte sich immer mehr. Glogowski blickte in unzählige missmutige und ungeduldige Gesichter. Dazu wehte ein eisiger Wind, da sie auf Gleis zehn, also im Außenbereich des Bahnhofs warten mussten.
10 Zwei ältere Männer zu seiner Rechten unterhielten sich lautstark und lachten dabei des Öfteren – nahmen es anscheinend mit Humor. Erneut eine Durchsage: ICE 1139 NACH MÜNCHEN; ANKUNFT SIEBZEHN UHR EINUNDZWANZIG, VERZÖGERT SICH AUFGRUND EINES PERSONENUNFALLS UM CA. FÜNFZIG MINUTEN, VORAUSSICHTLICHE ANKUNFT IN BREMEN ACHTZEHN UHR ELF,
15 umgehend korrigierte sich die Anzeigetafel. PERSONENSCHADEN – Glogowski wusste, dass dies nur die Umschreibung für Schienensuizid war. Geschah in letzter Zeit immer häufiger. Na ja, ist ja wohl auch eine sichere Sache, um abzutreten, dachte er.
Lässig behielt Glogowski seine leichte Aktentasche in der Hand. Die meisten übrigen
20 *Reisenden* hatten ihr Gepäck schon lange auf den Bahnsteig gestellt und standen dämlich daneben, aßen etwas, streichelten ihre Tablets und iPhones und blickten sau-

ertöpfisch – was für ein Wort, dachte er – drein. Glogowski trug wieder einmal seine besten Sachen, einen schwarzen Anzug, seine schwarzen Lederschuhe und seinen Wintermantel. Die Haare hatte er diesmal linksgescheitelt. Die Frau neben ihm sprach jetzt in ihr Handy: „Ja, schon wieder Verspätung, das dritte Mal diesen Monat, aber wir treffen uns trotzdem bei Maja, ich stoß dann zu euch …" Glogowski wollte nicht länger zuhören und ging den Bahnsteig ein wenig auf und ab. Die Sonne kam heraus, er blieb stehen, hielt sein Gesicht hinein, schloss die Augen und lauschte den Geräuschen des Bahnhofs. Ein Kind kreischte und heulte darauf. Glogowski öffnete die Augen. Die Mutter ermahnte es, doch das Kind schrie noch lauter. Darauf drückte ihm die Mutter etwas in die Hand, einen Keks oder ein iPhone; Glogowski konnte es aus der Entfernung nicht richtig erkennen.

Ein Mann neben ihm schnaubte geräuschvoll in sein Taschentuch.

„Schon das dritte Mal diesen Monat", bemerkte Glogowski sich ihm zuwendend.

„Bitte?", fragte dieser.

„Das dritte Mal diesen Monat … vorgestern in Frankfurt musste ich fast zwei Stunden warten wegen einer defekten Oberleitung."

„Ja, schlimm so was."

„Ja, ist man von der Bahn ja nicht anders gewöhnt."

„Ja, ja", grummelte der Mann und schwieg darauf. Glogowski verstummte auch, blieb noch eine Weile schweigend neben dem Mann stehen und schlenderte dann wieder den Bahnsteig entlang. Er stellte sich neben eine hübsche Frau um die Dreißig.

„Müssen Sie auch nach München?", fragte Glogowski.

Die Frau betrachtete ihn skeptisch, nickte aber knapp.

„Hoffentlich wird's nicht noch später", sagte Glogowski lächelnd.

Die Frau lächelte falsch zurück, nickte noch knapper und nahm dann dezent Abstand von ihm.

AN GLEIS ZEHN: ICE 1139 NACH MÜNCHEN; VORSICHT BEI DER EINFAHRT. Der Zug fuhr ein. Ungeduldig warteten die Insassen darauf, die automatisch verriegelten Türen zu öffnen, um herauszukommen, während draußen die Reisenden ungeduldig darauf warteten hineinzukommen. Unzufriedene, zerknautschte Gesichter auf beiden Seiten. Glogowski hielt sich jetzt abseits und beobachtete das Treiben. Die Frau, die ihm eben noch knapp zugenickt hatte, zwängte sich mit ihrem sperrigen Koffer als eine der Ersten in den ICE. Glogowski verließ das Gleis und kurz darauf den Bahnhof. Vorm Gebäude nahm er die gerade eintreffende Straßenbahn und fuhr schwarz die fünf Stationen nach Hause.

Seine kleine Einzimmerwohnung war schlecht gelüftet, er hatte vorhin vergessen, das Fenster zu öffnen. Ihm war, als rieche es in der Wohnung nach altem Mann – Glogowski war aber erst siebenundfünfzig. Er öffnete das Fenster und schaute nach unten. Türkische Kinder stritten um etwas. Nach einer Weile schloss er das Fenster wieder, zog sich aus, verstaute seinen Anzug, die Schuhe und die leere Aktentasche sorgsam im Schrank, schlüpfte darauf in seinen abgetragenen Trainingsanzug und legte sich aufs Bett. Er blickte auf das Bild seiner Frau auf dem Nachttisch – ihm wurde schwermütig, wie jedes Mal, wenn er das Bild betrachtete. Er schloss die Augen. Draußen schrien die Kinder in einer Sprache, die er nicht verstand.

Heute war er etwas später dran als sonst. Er war wieder unter Menschen. Hatte er zu Hause noch das Fenster geöffnet, bevor er gegangen war? Hoffentlich. Er sah auf die Anzeigetafel in der Bahnhofshalle. Der IC 2032 nach Leipzig auf Gleis vier hatte etwa dreißig Minuten Verspätung. Er begab sich mit der leeren Aktentasche in der Hand auf Gleis vier.

Teil 1: Textverständnis und Sprachgebrauch überprüfen

Diese Kompetenzen sind gefragt

Schreiben Sie die Vorlage zum Kompetenzcheck von der vorderen Umschlagseite dieses Arbeitsheftes ab und kreuzen Sie an, wie Sie sich einschätzen.

1 *Entscheiden Sie, welche der folgenden Aussagen sich eindeutig aus dem Text ableiten lassen. Markieren Sie die richtigen Aussagen in der Tabelle mit einem r. Beachten Sie, dass in der Prüfung eine falsche Antwort zu Punktabzug führt.*

a) Glogowski wohnt in oder in der Nähe von Leipzig.

b) Die Aktentasche von Glogowski enthält Proviant für die Reise.

c) Die Reisenden sind überwiegend schlecht gelaunt.

d) Glogowskis Wohnung wurde früher von einem alten Mann bewohnt.

e) Glogowski lebt alleine.

a)	b)	c)	d)	e)

Tipp
Die 5-Schritt-Lesemethode, die Sie auf der vorderen Umschlagklappe dieses Arbeitsheftes finden, hilft Ihnen, den Text zu verstehen.

2 *Setzen Sie sich mit dem Begriff „sauertöpfisch" (Z. 21 f.) auseinander.*

a) Suchen Sie drei Synonyme (sinnverwandte Wörter) für das Adjektiv.

_____

b) Suchen Sie drei Antonyme (gegensätzliche Begriffe) für das Adjektiv.

_____

3 *Wählen Sie eine andere Formulierung für das unterstrichene Wort. Formulieren Sie den Satz neu.*

Die Ankunft des Zuges verschiebt sich um <u>satte</u> fünfundvierzig Minuten. (vgl. Z. 5 f.)

_____

_____

4 *Untersuchen Sie den unvollständigen Satz in Zeile 16 f.: „Geschah in letzter Zeit immer häufiger."*

a) Notieren Sie, welches Satzglied fehlt.

_____

b) Bewerten Sie, wie dieser Satz stilistisch wirkt.

_____

5 *Ihr Kollege hat Schwierigkeiten mit der Rechtschreibung. In den folgenden Sätzen schwankt er zwischen zwei Schreibweisen. Streichen Sie die falsch geschriebenen Wörter durch.*

Ein Reisender hat ein Päkchen/Päckchen unterm Arm, ein anderer trägt ein großes

Paket/Packet. Einige Zeit lang waren die Bahnschienen/Bahnschinen gesperrt. Die Firma

benutzt für die Reinigung der Züge ein neues Desinfektionsmittel/Desinfektionmittel. Von

der Straße drangen/trangen wenige Geräusche/Gereusche in Glogowskis Zimmer.

6 *Untersuchen Sie die Zeichensetzung.*

a) Erklären Sie, warum in Zeile 50 nach „herauszukommen" ein Komma gesetzt ist.

_____

b) Erklären Sie die beiden anderen Kommas in diesem Satz.

_____

_____

GUT ZU WISSEN	Komma setzen

Das Komma bei Aufzählungen
Aufzählungen können aus **Wörtern, Wortgruppen** oder **Sätzen** bestehen.
Die Teile einer Aufzählung, die nicht mit *und, oder, beziehungsweise, entweder – oder, sowohl – als auch, sowohl – wie, weder – noch, nicht – noch* verbunden sind, werden durch Komma abgetrennt.
Beispiel: *Seine Ernährung ist **ausgewogen, kalorienarm und abwechslungsreich.***

Das Komma zwischen Haupt- und Nebensatz
Nebensätze werden durch Komma vom Hauptsatz getrennt. Die Nebensätze können vor dem Hauptsatz stehen oder danach. Sie können auch in den Hauptsatz eingebettet sein.
Beispiele: ***Wenn ich rechtzeitig zum Sport kommen will,** muss ich mich sehr beeilen. Ich muss mich, **wenn ich rechtzeitig zum Sport kommen will,** sehr beeilen.*

Das Komma bei Infinitivgruppen
Infinitivgruppen **können** durch Komma abgetrennt werden, um die Gliederung des Satzes deutlich zu machen oder um Missverständnisse zu vermeiden.
Beispiel: *Sie empfehlen ihm(,) zu folgen. / Sie empfehlen(,) ihm zu folgen.*

Infinitivgruppen **müssen** durch Komma vom Hauptsatz abgetrennt werden, wenn
– sie mit **um, ohne, anstatt, statt, außer, als** eingeleitet werden.
   Beispiel: ***Um** seinen Gesundheitszustand **zu** verbessern, befolgte er die Anweisungen seines Arztes.*
– ein **hinweisendes Wort** (Verweiswort) im Hauptsatz sie ankündigt. Hinweisende Wörter: *daran, damit, es.*
   Beispiel: *Er dachte nicht mehr **daran,** auf die Empfehlungen anderer **zu** hören.*
– sie von einem **Nomen im Hauptsatz** abhängen.
   Beispiel: *Wir gaben ihm den **Rat,** das nächste Mal in Ruhe **zu** überlegen.*

Tipp
Folgende Konjunktionen kommen recht häufig vor: *weil, dass, als, wenn, obwohl.*

Teil 2: Die Schreibaufgabe bewältigen

Situation

Sie nehmen an einem fächerübergreifenden Projekt teil. Thema ist das Älterwerden und die Frage, wie Menschen mit Alter und Einsamkeit umgehen. Dabei setzen Sie sich auch mit literarischen Texten auseinander und porträtieren verschiedene Figuren, um zu zeigen, wie unterschiedlich deren Umgang mit Alter und Einsamkeit ist. Zu den ausgewählten Texten zählt auch die Kurzgeschichte „Zug um Zug" von Jörn Birkholz. Sie haben sich mit der Hauptfigur Glogowski beschäftigt und schreiben ein Porträt dieser Figur.

Aufgabe

Verfassen Sie ein Porträt von Glogowski. Ihre Projektgruppe soll ein konkretes Bild von der Figur erhalten.

Diese Kompetenzen sind gefragt

Kreuzen Sie an, wie Sie sich einschätzen.

Kompetenzen	Das kann ich sehr gut	Das kann ich	Das kann ich teilweise	Das trainiere ich
eine Figur charakterisieren				
– das Aussehen und die Lebensumstände der Figur beschreiben				
– ihre Einstellungen und Gefühle analysieren				
– das Handeln der Figur deuten				
– Beziehungen der Figuren zueinander erkennen				
– Gespräche zwischen den Figuren untersuchen				
– Interpretationsergebnisse mit Zitaten aus dem Text belegen				
– im Präsens formulieren				
Zielorientierung, Adressaten- und Situationsbezug berücksichtigen				
– bedenken, warum und mit welchem Ziel geschrieben werden soll				
– klären, wer der Empfänger ist				
– prüfen, aus welcher Situation heraus zu schreiben ist				
– eine klare und der Zielgruppe angemessene Sprache wählen				
die Ausarbeitung übersichtlich strukturieren				
– durch Absätze gliedern				
– sinnvolle Übergänge zwischen den einzelnen Teilen formulieren				
die Ausarbeitung im Hinblick auf sprachliche Richtigkeit überarbeiten				

Die Charakteristik vorbereiten

1 *Setzen Sie sich mit der Hauptfigur auseinander.*

a) Beschreiben Sie, wie Glogowski lebt.

_____

_____

_____

_____

b) Interpretieren Sie die Aussage „Er blickte auf das Bild seiner Frau auf dem Nachttisch –
ihm wurde schwermütig, wie jedes Mal, wenn er das Bild betrachtete" (Z. 63 f.).

_____

_____

c) Notieren Sie Adjektive, die Glogowski und sein Leben beschreiben.

_____

_____

2 *Erläutern Sie, warum der Vorname der Hauptfigur nicht angegeben ist.*

_____

_____

3 *Betrachten Sie Glogowskis Umgang mit anderen Menschen.*

a) Notieren Sie, wie die Mitmenschen auf Glogowski reagieren. Belegen Sie Ihre Aussage am
Text.

_____

_____

_____

b) Erläutern Sie, welche Bedeutung die Reisenden für Glogowski haben. Analysieren Sie dazu
vor allem den Gesprächsverlauf in den Zeilen 34 bis 42.

_____

_____

___

___

4 *Setzen Sie sich mit dem folgenden Zitat auseinander:*
„Lässig behielt Glogowski seine leichte Aktentasche in der Hand. Die meisten übrigen
Reisenden hatten ihr Gepäck schon lange auf den Bahnsteig gestellt und standen dämlich
daneben, aßen etwas, streichelten ihre Tablets und iPhones und blickten sauertöpfisch
– was für ein Wort, dachte er – drein." (Z. 19–22)

a) Interpretieren Sie den Kursivdruck des Wortes „Reisenden".

___

___

b) Bewerten Sie, wie die Reisenden mit ihren Tablets und iPhones umgehen.

___

___

c) Erläutern Sie, warum Glogowski mit einer leichten Aktentasche unterwegs ist.

___

___

___

5 *Vergleichen Sie die Kleidung, die Glogowski auf dem Bahnhof trägt, mit der, die er zu
Hause anhat.*

___

___

___

6 *Stellen Sie dar, warum Glogowski nicht mit Menschen in seiner unmittelbaren Umgebung in Kontakt kommt.*

___

___

___

___

7 *Beschreiben und deuten Sie die Stimmung des Textes.*

_____

_____

8 *Interpretieren Sie die Überschrift.*

a) In welchem Kontext kennen Sie die Redewendung „Zug um Zug"?

_____

_____

b) Wie passt sie zur Hauptfigur?

_____

_____

_____

_____

GUT ZU WISSEN	Figuren charakterisieren

Um eine literarische Figur umfassend zu charakterisieren, sammeln und deuten Sie alle direkten und indirekten Hinweise im Text.

Überlegungen zum Charakter einer Figur lassen sich aus Informationen über ihr Aussehen und ihre Lebensumstände sowie aus Hinweisen zu ihrem Verhalten, ihren Einstellungen und Gefühlen ableiten. Auch der Gesprächsverlauf kann viel über eine Figur aussagen.

Der Aufbau kann auch der Entwicklung einer Person folgen. Wichtige Aussagen sollten mit Textstellen belegt werden.

Die Charakteristik wird im Präsens verfasst.

Tipp
Die Textquelle mit Erscheinungsort etc. finden Sie auf Seite 88.

Die Schreibaufgabe lösen

1 *Erstellen Sie zunächst einen Schreibplan (siehe hintere Umschlagklappe dieses Arbeitsheftes).*

2 *Verfassen Sie ein Porträt von Glogowski. Schreiben Sie so, dass die Leserinnen und Leser ein konkretes Bild dieser Figur bekommen. Beschränken Sie sich auf zwei Seiten.*

Tipp
Denken Sie daran, Ihre Ausarbeitung zum Schluss zu überprüfen. Berücksichtigen Sie dabei den Check zur Textrevision auf der hinteren Umschlagklappe.

So schätze ich mich jetzt ein

Füllen Sie die beiden Kompetenzchecks erneut aus. Können Sie Veränderungen im Vergleich zum letzten Mal feststellen?

KAPITEL 7

Eine Kurzgeschichte verstehen und dazu einen Dialog schreiben

In der Abschlussprüfung wird Folgendes von Ihnen erwartet:

- Auf der Grundlage eines literarischen Textes beantworten Sie zunächst Fragen zum Textverständnis und dokumentieren Ihr Wissen zum Sprachgebrauch.
- In einem zweiten Aufgabenteil lösen Sie eine Schreibaufgabe. Sie schreiben zu einer vorgegebenen Situation einen Dialog.

Die folgende Kurzgeschichte könnte die Textgrundlage in der Prüfung sein.

Marlene Schulz: No discussion (2016)

In gerader Linie war sie auf mich zugekommen. Es war auf dieser abscheulichen Party vor vierzehn Monaten.

Ihr Weinglas stieß sie an meines. Sie war mir vorher nie begegnet, nicht einmal aufgefallen an diesem Abend.

5 Sie sagte: Findest du es auch so tödlich hier? Das T spuckte sie beinahe. Ich hatte nur gegrinst, vielleicht sogar ein wenig infantil[1], pubertär. Ein Jungenlächeln, einem Mädchen zu Gefallen.

Einen Schluck von diesem mittelmäßigen Wein hatte ich genommen und als hätte sie mich gelesen, sagte sie: Der Wein. Schrecklich. Und die Salate: Wie aus Eimern

10 gefischt. Die Saucen sind auch absolut einfallslos.

Hast du Lust auf wirklich gutes Essen?, fragte ich und überraschte mich selbst. Beim Hinausgehen stellten wir unsere Weingläser auf einem Tisch ab. Ich glaube, ich hatte mich nicht einmal verabschiedet. Mit meinem Wagen fuhren wir zu mir.

Die halbe Nacht brachte ich zu. Kochte für sie. Rollte Schinken in Pfefferminzblätter,

15 legte hier eine Kleinigkeit auf einen Teller, schnitt dort einen Fächer aus einem Gürkchen, viertelte Cocktailtomaten, zupfte frische Thymianblättchen darüber, versah sie mit Kürbisöl.

Ich habe noch nie in meinem Leben Kürbisöl probiert. Das schmeckt wunderbar, schwärmte sie. Tunkte eine hauchdünne Baguettescheibe in das Öl.

20 Während sie die Musik auswählte, von dem Wein trank, sich mit nackten Füßen auf meinem Sofa breitmachte, bereitete ich ein Hagebuttenmousse, arrangierte es auf gehackten Pistazien und hob mit einem Ausstechförmchen Schmetterlinge aus Karottenscheiben.

Schreibst du die Rezepte auf?, fragte sie, als ich ihr den frisch arrangierten Teller

25 reichte.

Nicht mehr so oft wie früher, antwortete ich. Ist mittlerweile alles in meinem Kopf. Nur ab und zu notiere ich noch etwas in mein goldenes Buch.

Wann ist das?

Wenn ich länger am Tüfteln bin oder etwas entdecke, was richtig gut ist.

30 Zum Beispiel?

Meine Sauce. Gibt's zu Nudeln. Capellini passen am besten.

Das sind diese superdünnen Spaghetti, oder?

Du kennst dich aus.

Hat die Sauce einen Namen?

1 infantil: kindisch

35 Ich zögerte. Sagte schließlich: Sauce Arné.

Oh. A la Chef? De la casa?[2]

Ja, sagte ich, nahm ihr den Teller ab, ging wieder in die Küche. Ich richtete Gemüsetatar auf Basilikumblättern und schälte Radieschen zu Spiralen, als sie kam, zum
Kühlschrank ging, ihr Weinglas auffüllte.

40 Und was hat es mit dem goldenen Buch auf sich?

Da schreibe ich Rezepte rein.

Darf ich es mal sehen? Sie nahm sich eine Radieschenspirale.

Klar. Steht da oben im Regal.

Ich gab frischen Kümmel auf das Tatar.

45 Honey Moon, las sie, überflog meine Notizen. Blätterte.

Das Basilikumgrün sah aus wie kleine Schiffchen, auf denen ich das Gemüsetatar
bettete.

Cranberry Dream. Klingt gut. Und hier: No discussion. Oh, sehr geheimnisvoll.

Ich verfiel gelegentlich ins Englische, wenn ich die Rezepturen betitelte.

50 Wie kommst du denn auf solche Namen?

Keine Ahnung. Ich nehme immer das Erste, das mir einfällt.

Was ist denn No discussion?

Wirst du nachher sehen, sagte ich, klappte das Buch zu und stellte es zurück auf das
Regal. Probier erst mal das, sagte ich.

55 Sie schloss die Augen und sperrte den Mund auf.

Mhm, wie lecker. Das ist gigantisch gewürzt. Du bist echt genial.

Es war weit nach Mitternacht, als ich gedünstete Fenchelstreifen an Oliveneis unter
Veilchenblütenblätterschnee drapierte[3]. Die Blüten holte ich mit meiner Stirnlampe
im Dunkeln aus dem Garten.

60 Oliveneis! Arné! Wie kommst du nur auf so etwas?

Fliegt mir einfach so zu, übertrieb ich. Verschwieg, dass ich danach lange gesucht,
Rezepte ausprobiert und wieder verworfen hatte.

Vor allem morgens unter der Dusche, sagte ich. Da fällt mir am meisten ein. Ich
mache das schon jahrelang. Da spüre ich einfach, was zusammenpasst, welche Blüten,
65 welches Gemüse, was zum Dessert.

Du, Arné. Ich will das unbedingt von dir lernen, sagte sie. Legte ihre Hand auf meinen
Unterarm. Angeschaut hat sie mich mit ihren Rehaugen.

Vor vierzehn Monaten war das. Von da an trafen wir uns jeden Dienstag. Gingen
zusammen einkaufen. Ich führte sie auf dem Markt und in der Stadt an die besten
70 Orte mit den frischesten Sachen, auch die ausgefallensten. Bin rausgefahren mit ihr in
den Taunus. Habe ihr gezeigt, wo der Waldmeister wächst, wie er zu verwenden ist.
Auch den Bärlauch. Und die Steinpilze. Die Maronen[4]. Gestaunt hat sie. Über all diese
wunderbaren, geschmackvollen Genüsse. Wie ein Kind war sie. Naiv. Neugierig.
Unbefangen. Auf eine angenehme Art aufgeregt. Ihre Begeisterung steckte mich an.
75 [...]

Auch mit den halbierten Wachteleiern im Capellininest an Sauce Arné entzückte ich
sie. Das Kombinat war meine No discussion. An der Sauce hatte ich lange gearbeitet,
noch vor ihrer Zeit. Wochen brachte ich zu, bis ich sie so weit hatte und die Ingredi-
enzien[5] in meinem Buch verewigte. Irgendwann kommst du groß raus, hatten mir
80 Freunde prophezeit und auf mein goldenes Buch angespielt.

Sauce Arné. Die ist zum Reinlegen, flüsterte sie, als dürfte niemand sie hören. Wie
hast du die so hinbekommen?

Geheimnis, sagte ich nach kurzem Schweigen, sprach es französisch und hob das
Weinglas, als wollte ich einen Toast ausbringen.

2 de la casa: des Hauses
(spanisch)
3 drapieren: kunstvoll
schmücken, herrichten
4 die Marone: Esskastanie
5 das Ingrediens, die Ingre-
dienzien (meist im Plural
verwendet): Zutaten,
Inhaltsstoffe

Arne, sagte sie, das E betont, und legte eine Pause ein, während sie leicht die Lippen schürzte, den Kopf ein wenig senkte, mich schutzlos anblickte. Das ist himmlisch.

Ich war unermüdlich in dieser ersten Nacht und am Ende, ich weiß nicht mehr, wie spät es geworden war, mischte ich Schokolade, die ich verflüssigt hatte, mit Chili zum Nachtisch. Sie war entzückt und ich, ich fand sie entzückend. Legte als letzten Handgriff eine Blüte auf das scharfe Süß.

Ich war erfüllt von meinem eigenen Können, gefiel mir auf den Fotos, die sie zwischendurch von mir machte, mit einer Kamera, die sie wie zufällig aus ihrer großen Tasche gezogen hatte, schon gleich beim Gruß aus der Küche.

Du hast nichts dagegen, oder?, sagte sie, knipste weiter.

Ich hatte keine Einwände. War es gewohnt, kulinarisch[6] zu verzaubern.

Die Fotos meiner Arrangements gelangen ihr ausgesprochen gut. Ich spürte ihre Leidenschaft beim Fotografieren. Ganz so, wie auch ich nicht zu bremsen war, in der Küche zu hantieren, stellte sie die Kamera ein, belichtete von unterschiedlichen Seiten, wandte sich ganz dem Objekt zu, ging nah heran, brachte Kleinigkeiten groß heraus.

Zwischendurch tranken wir Wein, lachten, erzählten Geschichten. Wenn sie lachte, warf sie den Kopf nach hinten, schüttelte die langen Haare. Wir tranken und tranken und am Ende waren es drei Flaschen Jacques Blanc. Gewundert hatte ich mich, wie viel sie vertragen konnte. Für eine Frau.

Dienstags brachte sie immer den Wein mit, der so gut passte, als hätten wir uns abgesprochen, und verloren doch kein Wort darüber.

Sie fotografierte jedes Detail, stellte sich zum Spaß hinter die Anrichte, band sich meine rote Schürze um den Bauch, lichtete sich mit dem Selbstauslöser ab, richtete die Kamera zwischendurch auf mich, wie ich die Sauce abschmeckte, als wäre ich nur zum Probieren in der Küche gestanden.

Ich hatte es nicht gleich bemerkt. Erst als sie dienstags immer seltener Zeit hatte und schließlich gar nicht mehr kam und ich irgendwann danach suchte. Da erst fiel es mir auf. Das goldene Buch. Weg.

Heute früh sah ich es wieder.

Das ganze Schaufenster gepflastert: Nur dieses eine Buch.

Und dieses Plakat – sie, mit roter Schürze.

(Die Schreibweise ohne Kennzeichnung der direkten Rede durch Anführungszeichen entspricht dem Original.)

6 kulinarisch: auf die Küche, die Kochkunst bezogen

Teil 1: Textverständnis und Sprachgebrauch überprüfen

Diese Kompetenzen sind gefragt

Schreiben Sie die Vorlage zum Kompetenzcheck von der vorderen Umschlagseite dieses Arbeitsheftes ab und kreuzen Sie an, wie Sie sich einschätzen.

1 *Entscheiden Sie, welche der folgenden Aussagen sich eindeutig aus dem Text ableiten lassen. Markieren Sie die richtigen Aussagen in der Tabelle mit einem r. Beachten Sie, dass in der Prüfung eine falsche Antwort zu Punktabzug führt.*

a) Die Salate, die auf der Party angeboten werden, schmecken gut.

b) Arne notierte früher viele seiner Rezepte.

c) Arne überlegt sich sehr genau, wie er seine Gerichte nennt.

d) Die Rezepte sind meistens in Englisch geschrieben.

e) Manche Pflanzen pflückt Arne nachts.

f) Er wohnt in der Nähe des Taunus.

a)	*b)*	*c)*	*d)*	*e)*	*f)*

Tipp

Die 5-Schritt-Lese-methode, die Sie auf der vorderen Um-schlagklappe dieses Arbeitsheftes finden, hilft Ihnen, den Text zu verstehen.

2 *Erklären Sie die folgenden Zitate.*

a) „[…] als hätte sie mich gelesen, sagte sie: […]" (Z. 8 f.)

_____

b) „Das ganz Schaufenster gepflastert: Nur dieses eine Buch." (Z. 114)

_____

3 *Untersuchen Sie, wie die Autorin Adjektive einsetzt, um Speisen und Getränke zu beschreiben.*

a) Notieren Sie jeweils das Gegenteil (Antonym) als zusammengesetztes Wort.

mittelmäßig (Z. 8) _____

hauchdünn (Z. 19) _____

geschmackvoll (Z. 73) _____

b) Steigern Sie das Adjektiv „frisch" (Z. 16).

_____

_____

Tipp

*schön, schöner,
am schönsten
hoch, höher,
am höchsten
gut, besser,
am besten
viel, mehr,
am meisten*

4 *Ergänzen Sie in dem folgenden Text die Wörter „wie" oder „als".*

Nichts ist so gut _____ dein Nachtisch. Er schmeckt besser _____ alles, was ich

bislang probiert habe. Er ist sogar köstlicher _____ der, den meine Oma immer

zubereitet hat. Ich kann gar nicht beschreiben, _____ er schmeckt – süßer _____

Honig, fruchtiger _____ jede Beere und so wunderbar saftig _____ frische Früchte.

Klar ist er kalorienhaltiger _____ das Frühstück, das ich heute gegessen habe, und viel

weniger gesund _____ dieses. Aber das nehme ich in Kauf. So ein Genuss bleibt einem

immer in Erinnerung – er ist so unvergesslich _____ wenige Dinge im Leben.

5 *Belegen Sie die folgenden Aussagen am Text. Notieren Sie die entsprechenden Zeilen.*

Sie fotografiert genauso gerne, wie er kocht.	Z.
Arnes Freunde sagen ihm wegen seiner Kochkünste eine große Zukunft voraus.	Z.

6 *Untersuchen Sie diesen Satz: „Steht da oben im Regal." (Z. 43)*

a) Notieren Sie das fehlende Wort. _____

b) Bestimmen Sie, um welches Satzglied es sich handelt. _____

7 *Ihr Kollege ist unsicher in der Rechtschreibung und schwankt häufig zwischen Groß-*
und Kleinschreibung. Streichen Sie die falsche Schreibweise in seiner Restaurantbewer-
tung durch.

Wir haben am Wochenende dieses Restaurant kennengelernt. Bei schönem Wetter lädt die

Terrasse zum verweilen/Verweilen ein. Was die Küche hervorzauberte, war absolute Spit-

zenklasse. Die meisten/Meisten entschieden sich für die Empfehlungen des Küchenchefs,

die auf der liebevoll/Liebevoll gestalteten Tageskarte notiert waren. Der eine/Eine wählte

das Fleisch, der andere/Andere etwas vegetarisches/Vegetarisches. Alles war frisch/

Frisch zubereitet und jeder/Jeder war rundum zufrieden. Das Personal war äußerst auf-

merksam/Aufmerksam. So trug auch die freundliche Atmosphäre zum erholsamen/Erhol-

samen Aufenthalt bei. Unseren Kindern hat es ebenfalls gefallen; die beiden/Beiden

wurden sehr verwöhnt. Ein abschließender Spaziergang in der Umgebung machte den Tag

zu einem perfekten/Perfekten Erlebnis. Alles in allem/Allem bietet das Restaurant für

jeden Anlass das richtige/Richtige. Am besten/Besten überzeugen Sie sich selbst!

GUT ZU WISSEN **Nominalisierungen**

Verben und Adjektive, die als Nomen verwendet werden, werden **großgeschrieben.**
Nominalisierungen lassen sich oft an ihren **Begleitern** erkennen:
– Artikel *(der, die, das, ein, eine, einer)*
– Mit einer Präposition verschmolzener Artikel *(am = an + dem, beim = bei + dem, zum =*
  zu + dem ...)
– Possessivpronomen *(mein, dein, sein)*
– Indefinitpronomen *(alles, etwas, genug, manches, nichts, viel, wenig)*
Beispiel: *Ich habe schon alles **M**ögliche ausprobiert. Aber das **L**aufen ist für mich der*
*beste Ausgleich zum **E**ssen in der Kantine.*

Auch wenn sie auf den ersten Blick wie Nomen aussehen, **kleingeschrieben** werden:
– **Superlative** mit *am: am besten, am meisten, am schönsten ...*
– Das Pronomen *beide* und **unbestimmte Numerale,** auch wenn sie ein Begleitwort
  haben: *die beiden, alle beide, einer von beiden; der eine – der andere, nichts anderes,*
  die meisten ...

Teil 2: Die Schreibaufgabe bewältigen

Situation

Nachdem Arne die Entdeckung im Schaufenster gemacht hat, versteht er die Welt nicht mehr. Fünf Jahre später begegnet er seiner ehemaligen Freundin zufällig auf einer Party. Er stellt sie zur Rede.

Aufgabe

Schreiben Sie den Dialog zwischen Arne und seiner ehemaligen Freundin. Formulieren Sie vollständige Sätze und achten Sie auf die Kennzeichnung der direkten Rede.

Tipp
Nutzen Sie
GUT ZU WISSEN
von Seite 68.

Diese Kompetenzen sind gefragt

Kreuzen Sie an, wie Sie sich einschätzen.

Kompetenzen	Das kann ich sehr gut	Das kann ich	Das kann ich teilweise	Das trainiere ich
eine Kurzgeschichte deuten				
– den Inhalt deuten				
– Charakteristika der Hauptfiguren analysieren				
einen Dialog schreiben				
– die Beziehung der am Dialog beteiligten Figuren analysieren				
– Charakteristisches der Figuren aufgreifen				
– sich in die Figuren hineinversetzen, ihre Gefühle ausdrücken				
– inhaltlich schlüssig an die Vorlage anknüpfen				
– relevante Motive einbeziehen				
Zielorientierung, Adressaten- und Situationsbezug berücksichtigen				
– bedenken, warum und mit welchem Ziel geschrieben werden soll				
– prüfen, aus welcher Situation heraus zu schreiben ist				
– eine Lösung des Problems bieten, das sich aus der Situation ergibt				
die Ausarbeitung übersichtlich strukturieren				
die Ausarbeitung im Hinblick auf sprachliche Richtigkeit überarbeiten				
– die direkte Rede korrekt kennzeichnen				

1 *Notieren Sie Ihren ersten Leseeindruck.*

_____

_____

2 *Notieren Sie in wenigen Sätzen, worum es in der Kurzgeschichte geht.*

Tipp
Die Textquelle mit
Erscheinungsort etc.
finden Sie auf
Seite 88.

_____

_____

_____

_____

3 *Untersuchen Sie den Titel der Kurzgeschichte.*

a) Der Ausdruck „No discussion" taucht nicht nur in der Überschrift, sondern auch mehrmals im Text auf. Notieren Sie, in welchem Zusammenhang er benutzt wird. Ergänzen Sie die Zeilenangabe.

_____

_____

b) Notieren Sie, wofür der Ausdruck noch stehen könnte.

_____

4 *Charakterisieren Sie die Hauptfiguren in Stichworten.*

a) Arne _____

_____

_____

b) Weibliche Hauptfigur

_____

_____

5 *Beschreiben Sie Arnes Gefühle.*

a) am Anfang und während der Handlung _____

b) am Ende der Handlung _____

c) fünf Jahre später _____

6 *Adjektive helfen, Gefühle auszudrücken. Streichen Sie jeweils das Adjektiv durch, das nicht in die Reihe passt.*

a) überrascht – verwundert – erstaunt – sorglos

b) zornig – traurig – bedrückt – verzweifelt

c) glücklich – zufrieden – nett – fröhlich

7 *Notieren Sie ähnliche Wörter (Synonyme) für:*

a) sagen: _____

b) antworten: _____

8 *Formulieren Sie eine Antwort auf den Satz: „Arne zischte wütend: ‚Du hast meine Rezepte veröffentlicht.'"*

_____

_____

_____

GUT ZU WISSEN **Einen Dialog schreiben**

Ist die Basis Ihres Dialogs ein literarischer Text, sollten Sie beim Schreiben Angaben aufgreifen, die in der Textvorlage gemacht werden. Berücksichtigen Sie die Charakteristika der handelnden Figuren. Versetzen Sie sich in die Lage der Figuren und bringen Sie deren Gefühle z. B. durch treffende Adjektive zum Ausdruck. Bei den Verben des Sprechens sollten Sie eine Vielfalt aufzeigen und in der Wortwahl variieren.
Beispiel: *Arne zischte wütend: „Du hast meine Rezepte veröffentlicht."*
Der Dialog sollte eine vollständige Handlung mit Einleitung, Hauptteil und Schluss abbilden.

Die Schreibaufgabe lösen

1 *Erstellen Sie zunächst einen Schreibplan (siehe hintere Umschlagklappe dieses Arbeitsheftes).*

2 *Schreiben Sie den Dialog. Berücksichtigen Sie dabei die Textvorlage. Beschränken Sie sich auf zwei Seiten.*

So schätze ich mich jetzt ein

Füllen Sie die beiden Kompetenzchecks erneut aus. Können Sie Veränderungen im Vergleich zum letzten Mal feststellen?

Tipp
Denken Sie daran, Ihre Ausarbeitung zum Schluss zu überprüfen. Berücksichtigen Sie dabei den Check zur Textrevision auf der hinteren Umschlagklappe.

KAPITEL 8

Eine Kurzgeschichte verstehen und bewerten

In der Abschlussprüfung wird Folgendes von Ihnen erwartet:

- Auf der Grundlage eines literarischen Textes beantworten Sie zunächst Fragen zum Textverständnis und dokumentieren Ihr Wissen zum Sprachgebrauch.
- In einem zweiten Aufgabenteil lösen Sie eine Schreibaufgabe. Für eine festgelegte Zielgruppe schreiben Sie in einer vorgegebenen Situation eine Kurzkritik des vorliegenden Textes.

Die folgende Kurzgeschichte könnte die Textgrundlage in der Prüfung sein.

Erich Kästner: Das Märchen vom Glück (1947)

Erich Kästner
(1899–1974)

Siebzig war er gut und gern, der alte Mann, der mir in der verräucherten Kneipe gegenübersaß. Sein Schopf sah aus, als habe es darauf geschneit, und die Augen blitzten wie eine blank gefegte Eisbahn. „Oh, sind die Menschen dumm", sagte er und schüttelte den Kopf, dass ich dachte, gleich müssten Schneeflocken aus seinem Haar
5 aufwirbeln. „Das Glück ist ja schließlich keine Dauerwurst, von der man sich täglich seine Scheibe herunterschneiden kann!" „Stimmt", meinte ich, „das Glück hat ganz und gar nichts Geräuchertes an sich. Obwohl …" „Obwohl!?" „Obwohl gerade Sie aussehen, als hinge bei Ihnen zu Hause der Schinken des Glücks im Rauchfang." „Ich bin eine Ausnahme", sagte er und trank einen Schluck. „Ich bin die Ausnahme. Ich
10 bin nämlich der Mann, der einen Wunsch freihat."
Er blickte mir prüfend ins Gesicht, und dann erzählte er seine Geschichte. „Das ist lange her", begann er und stützte den Kopf in beide Hände, „sehr lange. Vierzig Jahre. Ich war noch jung und litt am Leben wie an einer geschwollenen Backe. Da setzte sich, als ich eines Mittags verbittert auf einer grünen Parkbank hockte, ein alter Mann neben
15 mich und sagte beiläufig: ,Also gut. Wir haben es uns überlegt. Du hast drei Wünsche frei.' Ich starrte in meine Zeitung und tat, als hätte ich nichts gehört. ,Wünsch dir, was du willst', fuhr er fort, ,die schönste Frau oder das meiste Geld oder den größten Schnurrbart, das ist deine Sache. Aber werde endlich glücklich! Deine Unzufriedenheit geht uns auf die Nerven.' Er sah aus wie der Weihnachtsmann in Zivil. Weißer Vollbart,
20 rote Apfelbäckchen, Augenbrauen wie aus Christbaumwatte. Gar nichts Verrücktes. Vielleicht ein bisschen zu gutmütig. Nachdem ich ihn eingehend betrachtet hatte, starrte ich wieder in meine Zeitung. ,Obwohl es uns nichts angeht, was du mit deinen drei Wünschen machst', sagte er, ,wäre es natürlich kein Fehler, wenn du dir die Angelegenheit vorher genau überlegtest. Denn drei Wünsche sind nicht vier Wünsche oder
25 fünf, sondern drei. Und wenn du hinterher noch immer neidisch und unglücklich wärst, könnten wir dir und uns nicht mehr helfen.' Ich weiß nicht, ob Sie sich in meine Lage versetzen können. Ich saß auf einer Bank und haderte mit Gott und der Welt. In der Ferne klingelten die Straßenbahnen. Die Wachtparade zog irgendwo mit Pauken und Trompeten zum Schloss. Und neben mir saß nun dieser alte Quatschkopf!"
30 „Sie wurden wütend?"
„Ich wurde wütend. Mir war zumute wie einem Kessel kurz vorm Zerplatzen. Und als er sein weiß wattiertes Großvatermündchen von neuem aufmachen wollte, stieß ich zornzitternd hervor: ,Damit Sie alter Esel mich nicht länger duzen, nehme ich mir die

35 Freiheit, meinen ersten und innigsten Wunsch auszusprechen: Scheren Sie sich zum Teufel!' Das war nicht fein und höflich, aber ich konnte einfach nicht anders. Es hätte mich sonst zerrissen."

„Und?"

„Was, und?"

„War er weg?"

40 „Ach so! Natürlich war er weg! Wie fortgeweht. In der gleichen Sekunde. In nichts aufgelöst. Ich guckte sogar unter die Bank. Aber dort war er auch nicht. Mir wurde ganz übel vor lauter Schreck. Die Sache mit den Wünschen schien zu stimmen! Und der erste Wunsch hatte sich bereits erfüllt! Du meine Güte! Und wenn er sich erfüllt hatte, dann war der gute, liebe, brave Großpapa, wer er nun auch sein mochte, nicht

45 nur weg, nicht nur von meiner Bank verschwunden, nein, dann war er beim Teufel! Dann war er in der Hölle. ,Sei nicht albern', sagte ich zu mir selber. ,Die Hölle gibt es ja gar nicht, und den Teufel auch nicht.' Aber die drei Wünsche, gab's denn die? Und trotzdem war der alte Mann, kaum hatte ich's gewünscht, verschwunden … Mir wurde heiß und kalt. Mir schlotterten die Knie. Was sollte ich machen? Der alte Mann

50 musste wieder her, ob's nun eine Hölle gab oder nicht. Das war ich ihm schuldig. Ich musste meinen zweiten Wunsch dransetzen, den zweiten von dreien, o ich Ochse! Oder sollte ich ihn lassen, wo er war? Mit seinen hübschen, roten Apfelbäckchen? ,Bratapfelbäckchen', dachte ich schaudernd. Mir blieb keine Wahl. Ich schloss die Augen und flüsterte ängstlich: ,Ich wünsche mir, dass der alte Mann wieder neben mir

55 sitzt!' Wissen Sie, ich habe mir jahrelang, bis in den Traum hinein, die bittersten Vorwürfe gemacht, dass ich den zweiten Wunsch auf diese Weise verschleudert habe, doch ich sah damals keinen Ausweg. Es gab ja keinen."

„Und?"

„Was, und?"

60 „War er wieder da?"

„Ach so! Natürlich war er wieder da! In der nämlichen Sekunde. Er saß wieder neben mir, als wäre er nie fortgewünscht gewesen. Das heißt, man sah's ihm schon an, dass er … dass er irgendwo gewesen war, wo es verteufelt, ich meine, wo es sehr heiß sein musste. O ja. Die buschigen, weißen Augenbrauen waren ein bisschen verbrannt. Und

65 der schöne Vollbart hatte auch etwas gelitten. Besonders an den Rändern. Außerdem roch's wie nach versengter Gans. Er blickte mich vorwurfsvoll an. Dann zog er ein Bartbürstchen aus der Brusttasche, putzte sich Bart und Brauen und sagte gekränkt: ,Hören Sie, junger Mann, fein war das nicht von Ihnen!' Ich stotterte eine Entschuldigung. Wie leid es mir täte. Ich hätte doch nicht an die drei Wünsche geglaubt. Und

70 außerdem hätte ich immerhin versucht, den Schaden wieder gutzumachen. ,Das ist richtig', meinte er. ,Es wurde aber auch die höchste Zeit.' Dann lächelte er. Er lächelte so freundlich, dass mir fast die Tränen kamen. ,Nun haben Sie nur noch einen Wunsch frei', sagte er. ,Den dritten. Mit ihm gehen Sie hoffentlich ein bisschen vorsichtiger um. Versprechen Sie mir das?' Ich nickte und schluckte. ,Ja', antwortete ich dann,

75 ,aber nur, wenn Sie mich wieder duzen.' Da musste er lachen. ,Gut, mein Junge', sagte er und gab mir die Hand. ,Leb wohl. Sei nicht allzu unglücklich. Und gib auf deinen letzten Wunsch acht.' ,Ich verspreche es Ihnen', erwiderte ich feierlich. Doch er war schon weg. Wie fortgeblasen."

„Und?"

80 „Was, und?"

„Seitdem sind Sie glücklich?"

„Ach so. Glücklich?" Mein Nachbar stand auf, nahm Hut und Mantel vom Garderoben-

haken, sah mich mit seinen blitzblanken Augen an und sagte: „Den letzten Wunsch
hab' ich vierzig Jahre lang nicht angerührt. Manchmal war ich nahe daran. Aber nein.
85 Wünsche sind nur gut, solange man sie noch vor sich hat. Leben Sie wohl."
Ich sah vom Fenster aus, wie er über die Straße ging. Die Schneeflocken umtanzten ihn.
Und er hatte ganz vergessen, mir zu sagen, ob wenigstens er glücklich sei. Oder hatte er
mir absichtlich nicht geantwortet? Das ist natürlich auch möglich.

Teil 1: Textverständnis und Sprachgebrauch überprüfen

Diese Kompetenzen sind gefragt

Schreiben Sie die Vorlage zum Kompetenzcheck von der vorderen Umschlagseite dieses
Arbeitsheftes ab und kreuzen Sie an, wie Sie sich einschätzen.

1 *Entscheiden Sie, welche der folgenden Aussagen sich eindeutig aus dem Text ableiten
lassen. Markieren Sie die richtigen Aussagen in der Tabelle mit einem r. Beachten Sie,
dass in der Prüfung eine falsche Antwort zu Punktabzug führt.*

a) Der Ich-Erzähler ist 70 Jahre alt.

b) Der Ich-Erzähler und ein alter Mann treffen im Park aufeinander.

c) Der alte Mann erzählt, dass er als junger Mann unzufrieden war.

a)	b)	c)

Tipp
Die 5-Schritt-Lese-
methode, die Sie auf
der vorderen Um-
schlagklappe dieses
Arbeitsheftes finden,
hilft Ihnen, den Text
zu verstehen.

2 *Erklären Sie die Aussage „Das Glück ist ja schließlich keine Dauerwurst, von der man
sich täglich seine Scheibe herunterschneiden kann!" (Z. 5 f.).*

_____

_____

3 *In der Kurzgeschichte werden viele Vergleiche benutzt. Formulieren Sie die folgenden
Sätze ohne Vergleiche.*

a) „[…] die Augen blitzten wie eine blank gefegte Eisbahn." (Z. 2 f.)

_____

b) „[Sie sehen aus], als hinge bei Ihnen zu Hause der Schinken des Glücks im Rauchfang."
(Z. 8)

_____

4 *Untersuchen Sie das Auslassungszeichen (Apostroph) in den Sätzen „[...] man sah's ihm schon an [...]" (Z. 62) und „Außerdem roch's [...]" (Z. 65 f.).*

a) Schreiben Sie auf, wofür es steht.

_____

b) Notieren Sie noch zwei weitere Beispiele mit Zeilenangabe aus dem Text.

_____

_____

5 *Ihr Kollege hat Schwierigkeiten mit der Rechtschreibung. In den folgenden Sätzen schwankt er zwischen der Groß- und Kleinschreibung. Streichen Sie die falsche Schreibweise durch.*

Wenn man im Lotto gewinnt, sollte man nichts verrücktes/Verrücktes tun, sondern sein

Geld besser sinnvoll/Sinnvoll anlegen. Mit einer Million Euro kann man schon etwas/

Etwas anfangen: Ein Häuschen im grünen/Grünen ist auf Dauer gesehen vielleicht besser

als eine Reise ins blaue/Blaue. Ganz schnell vergeht das leicht errungene/Errungene

Glück, die Träume zerplatzen/Zerplatzen und der Alltag hat einen wieder.

6 *In dem folgenden Text fehlen die Anführungszeichen und die Satzzeichen, die den Begleitsatz von der direkten Rede trennen. Setzen Sie die Zeichen ein.*

Yannick fragt seine Kollegen   Was wünscht ihr euch eigentlich?   Rick antwortet ihm
   Ich will nach meiner Ausbildung reisen.   Wohin willst du denn reisen?   will Marie
wissen. Rick überlegt nicht lange   Nach Kanada!   Nach Kanada würde ich nicht reisen wollen   meint Marie,   viel lieber nach Neuseeland.   Rick meint   Und Sie, Herr
Maier?

7 *Erklären Sie die markierten Zeichen im folgenden Textauszug: „[...] und sagte beiläu-*
fig: ,Also gut. Wir haben es uns überlegt. Du hast drei Wünsche frei.' " (Z. 15 f.)

_____

GUT ZU WISSEN	Direkte Rede

Die direkte (wörtliche) Rede wird durch **Anführungszeichen** am Anfang und Ende der Rede gekennzeichnet. Steht der **Begleitsatz** davor, wird er durch einen **Doppelpunkt** abgetrennt. *Ich frage dich: „Warum kannst du mir nicht diesen einen Wunsch erfüllen?"*

Steht der Begleitsatz nach der direkten Rede, trennt man ihn durch ein **Komma** ab. *„Wenn du schon so fragst", antwortet Rick.*

Wird in der **direkten Rede zitiert,** wird das Zitat mit einem halben Anführungszeichen gekennzeichnet.
Marie erzählt: „Gestern musste ich noch sehr viel erledigen, aber ich habe Glück gehabt. Rick meinte: ,Ich helfe dir.' "

Teil 2: Die Schreibaufgabe bewältigen

Situation

Als Redakteur/-in der Schülerzeitung besuchen Sie eine Veranstaltung in einem Literaturcafé in Ihrer Schule, bei der Schülerinnen und Schüler kurze literarische Texte vorstellen. Anschließend schreiben Sie eine Bewertung der Kurzgeschichte „Das Märchen vom Glück" von Erich Kästner, die Ihnen besonders in Erinnerung geblieben ist. Sie fassen zunächst den Inhalt zusammen und legen dann Ihre Meinung dazu dar.

Aufgabe

Schreiben Sie die Bewertung für die Schülerzeitung.

Diese Kompetenzen sind gefragt

Kreuzen Sie an, wie Sie sich einschätzen.

Kompetenzen	Das kann ich sehr gut	Das kann ich	Das kann ich teilweise	Das trainiere ich
eine Zusammenfassung eines literarischen Textes verfassen				
– eine Einleitung mit Angaben zu Textsorte, Titel, Autor/-in, Erscheinungsjahr und Thema formulieren				
– den wesentlichen Inhalt mit eigenen Worten kurz wiedergeben				
– im Schluss auf die Aussageabsicht eingehen				
– direkte Rede in indirekte Rede umformulieren				
– im Präsens sachlich formulieren				
einen Text bewerten				
– sich eine Meinung zur Textaussage und Darstellungsform bilden				
– den eigenen Standpunkt überzeugend darlegen				
– geeignete Textbelege anführen				
Zielorientierung, Adressaten- und Situationsbezug berücksichtigen				
– bedenken, warum und mit welchem Ziel geschrieben werden soll				
– klären, wer der Empfänger ist				
– eine verständliche, der Zielgruppe angemessene Sprache wählen				
– das Problem lösen, das sich aus der Situation ergibt				
die Ausarbeitung übersichtlich strukturieren				
– durch Absätze gliedern und sinnvolle Übergänge finden				
die Ausarbeitung im Hinblick auf sprachliche Richtigkeit überarbeiten				

Einen literarischen Text zusammenfassen

Tipp

Achten Sie vor allem auf Informationen zu den W-Fragen:
Wer ist die Hauptfigur? Wie heißt sie?
Wann spielt die Handlung?
Warum ...?

1 *Lesen Sie den Text. Markieren Sie alle Informationen, die für das Verständnis des Textes wichtig sind.*

2 *Die Kurzgeschichte von Kästner erzählt zwei Geschichten. Notieren Sie zu jeder Geschichte Ort, Zeit und Figuren.*

a) Rahmenhandlung:

_____

_____

b) Geschichte in der Geschichte:

_____

_____

3 *Beschreiben Sie den Höhepunkt der Kurzgeschichte.*

_____

_____

_____

4 *Erklären Sie, warum der „alte" Mann zunächst wütend ist, als er drei Wünsche erhält.*

_____

_____

_____

5 *Stellen Sie dar, warum der alte Mann seine Geschichte erzählt.*

_____

_____

_____

6 *Formulieren Sie das Thema der Kurzgeschichte in einem Satz.*

_____

_____

_____

7 *Geben Sie die folgenden Sätze in der indirekten Rede wieder (siehe* **GUT ZU WISSEN** *, S. 36).*

a) „Den letzten Wunsch hab' ich vierzig Jahre lang nicht angerührt." (Z. 83 f.)

Der alte Mann meint, _____

_____

b) „Manchmal war ich nahe daran." (Z. 84) _____

_____

c) „Wünsche sind nur gut, solange man sie noch vor sich hat." (Z. 85) _____

_____

_____

8 *Schreiben Sie die Zusammenfassung der Kurzgeschichte „Märchen vom Glück".*
Nutzen Sie dabei die Ergebnisse der vorherigen Aufgaben und **GUT ZU WISSEN** *.*

> **Tipp**
> Die Textquelle mit
> Erscheinungsort etc.
> finden Sie auf
> Seite 88.

_____

_____

_____

_____

_____

_____

_____

_____

GUT ZU WISSEN	Einen literarischen Text zusammenfassen

> **Tipp**
> Denken Sie daran,
> dass eine Zusam-
> menfassung keine
> ausführliche Nach-
> erzählung ist. Haben
> Sie den Mut, sich
> kurz zu fassen.

In einer Zusammenfassung geben Sie die wesentlichen Aspekte eines Textes sachlich wieder, ohne den Text zu interpretieren. Die Zusammenfassung ist in Einleitung, Haupt-teil und Schluss gegliedert.

Die **Einleitung** enthält Angaben zu Titel, Autorin beziehungsweise Autor, Textsorte sowie Erscheinungsdatum. Auch das Thema wird benannt.

Im **Hauptteil** informieren Sie über die Figuren, den Ort und die Zeit des Geschehens. Außerdem stellen Sie die wesentlichen Handlungsschritte dar.

Im **Schluss** gehen Sie kurz auf die Aussageabsicht des Textes ein.

Sie verzichten bei Ihrer Zusammenfassung auf Einzelheiten und Ausschmückungen, wört-liche Rede geben Sie indirekt wieder. Die Zusammenfassung wird im Präsens verfasst.

Einen Text bewerten

1 *Untersuchen Sie, was es bedeutet, glücklich zu sein.*

a) Deuten Sie, ob der alte Mann glücklich ist. Belegen Sie Ihre Aussage am Text.

_____

_____

_____

_____

b) Vervollständigen Sie den Satz „Glück ist für mich ...".

_____

_____

2 *Erich Kästner hat seine Kurzgeschichte vor etwa siebzig Jahren geschrieben. Beurteilen Sie, ob die Aussage des Textes auch heute noch interessant und wichtig ist.*

_____

_____

_____

3 *Erich Kästner hat die Kurzgeschichte „Das Märchen vom Glück" genannt. Beurteilen Sie, ob eine andere, weniger märchenhafte Darstellung Sie mehr/weniger angesprochen hätte.*

_____

_____

_____

_____

4 *Notieren Sie in Stichworten, ob Sie der Sprachstil angesprochen hat.*

_____

_____

_____

_____

5 *Ordnen Sie Ihre Bewertung zu.*

a) Kreuzen Sie an, unter welcher Überschrift Ihre Bewertung eingeordnet werden kann.

☐ Eine Geschichte zum Nachdenken
☐ Detailreich und treffsicher
☐ Eine Geschichte zum Träumen
☐ Tragische und faszinierende Literatur
☐ Eine humorvolle Geschichte
☐ Harmlos und heiter

b) Begründen Sie Ihre Wahl.

_____

_____

6 *Formulieren Sie einen einleitenden Satz, mit dem Sie das Interesse der Leserinnen und Leser wecken.*

_____

_____

GUT ZU WISSEN	**Einen literarischen Text bewerten**

Mit einer Bewertung geben Sie Ihre Meinung zu einem Text wieder. Die Bewertung soll andere davon überzeugen oder abhalten, den Text zu lesen. Daher ist es sinnvoll, mit einem einleitenden Satz das Interesse der Leserschaft zu wecken. Grundlage Ihrer Bewertung ist eine kurze Zusammenfassung des Inhalts. Dann schreiben Sie, warum Sie der Inhalt anspricht beziehungsweise nicht anspricht. Im Anschluss daran gehen Sie auf die Art der Darstellung ein. Ihre Bewertung des Textes sollte aussagekräftig und genau sein. Ihr Urteil soll nicht vernichten, aber auch nicht überschwänglich loben. Ihre Bewertung begründen Sie nachvollziehbar.

Die Schreibaufgabe lösen

1 *Erstellen Sie zunächst einen Schreibplan (siehe hintere Umschlagklappe dieses Arbeitsheftes).*

2 *Schreiben Sie die Bewertung der Kurzgeschichte „Das Märchen vom Glück" für die Schülerzeitung Ihrer Schule. Fassen Sie dabei zuerst den Text zusammen. Beschränken Sie sich auf zwei Seiten.*

Tipp
Denken Sie daran, Ihre Ausarbeitung zum Schluss zu überprüfen. Berücksichtigen Sie dabei den Check zur Textrevision auf der hinteren Umschlagklappe.

So schätze ich mich jetzt ein

Füllen Sie die beiden Kompetenzchecks erneut aus. Können Sie Veränderungen im Vergleich zum letzten Mal feststellen?

KAPITEL 9

Einen Romanauszug verstehen und in Bezug zur eigenen Lebenswelt setzen

In der Abschlussprüfung wird Folgendes von Ihnen erwartet:

- Auf der Grundlage eines literarischen Textes beantworten Sie zunächst Fragen zum Textverständnis und dokumentieren Ihr Wissen zum Sprachgebrauch.
- In einem zweiten Aufgabenteil lösen Sie eine Schreibaufgabe. Für eine festgelegte Zielgruppe schreiben Sie in einer vorgegebenen Situation einen Brief, in dem Sie sich auf den vorliegenden Text beziehen.

Der folgende Romananfang könnte die Textgrundlage in der Prüfung sein.

George Orwell: 1984 (1948) (Auszug)

George Orwell
(1903–1950)

Es war ein strahlend-kalter Apriltag, und die Uhren schlugen dreizehn. Winston Smith, das Kinn an die Brust gezogen, um dem scheußlichen Wind zu entgehen, schlüpfte rasch durch die Glastüren der Victory Mietskaserne, doch nicht rasch genug, um zu verhindern, dass mit ihm auch ein grießiger Staubwirbel hereinwehte.

5 Der Flur roch nach Kohlsuppe und Flickenteppichen. An einem Ende hatte man ein Farbplakat an die Wand gepinnt, das für drinnen eigentlich zu groß war. Es zeigte nichts weiter als ein riesiges, über einen Meter breites Gesicht: das Gesicht eines etwa fünfundvierzigjährigen Mannes mit wuchtigem schwarzem Schnurrbart und kernig-ansprechenden Zügen. Winston steuerte auf die Treppe zu. Es mit dem Lift zu probie-

10 ren war zwecklos. Selbst zu günstigen Zeiten funktionierte er selten, und momentan wurde der Strom tagsüber abgestellt. Dies war Teil der Sparsamkeitskampagne zur Vorbereitung der Hasswoche. Die Wohnung lag im siebenten Stock, und Winston, der neununddreißig war und über dem rechten Fußknöchel ein Krampfadergeschwür hatte, ging langsam und verschnaufte unterwegs mehrmals. Auf jedem Treppenabsatz

15 starrte dem Liftschacht gegenüber das Plakat mit dem riesigen Gesicht von der Wand. Es war eines jener Bilder, die einem mit dem Blick überallhin zu folgen scheinen. DER GROSSE BRUDER SIEHT DICH, lautete die Textzeile darunter. In der Wohnung verlas eine sonore Stimme eine Zahlenstatistik, bei der es irgendwie um die Roheisenproduktion ging. Die Stimme kam aus einer länglich-rechteckigen

20 Metallplatte, die wie ein blinder Spiegel in die Wand zur Rechten eingelassen war. Winston drehte an einem Knopf, und die Stimme klang gedämpfter, blieb aber dennoch verständlich. Man konnte das Gerät (den sogenannten Teleschirm) zwar leiser stellen, aber ganz ausschalten ließ es sich nicht. Er trat ans Fenster: eine schmächtige Gestalt, deren Magerkeit durch den blauen Overall der Parteiuniform nur noch betont wurde.

25 Sein Haar war hellblond, sein Gesicht von Natur aus rötlich, seine Haut rau von scharfer Seife, stumpfen Rasierklingen und der Kälte des eben zu Ende gegangenen Winters. Draußen sah die Welt sogar durch das geschlossene Fenster kalt aus. Unten auf der Straße wirbelten kleine Windstrudel Staub und Papierfetzen in Spiralen hoch, und obwohl die Sonne schien und der Himmel grellblau war, wirkte doch alles außer den

30 überall angeklebten Plakaten farblos. Das schwarzschnurrbärtige Gesicht starrte von jeder dominierenden Ecke herab. Eines hing an der Hauswand unmittelbar gegen-

über. DER GROSSE BRUDER SIEHT DICH, verkündete die Unterzeile, und die
dunklen Augen blickten tief in Winstons. […] In der Ferne glitt ein Helikopter zwischen den Dächern herunter, schwebte für einen Moment lauernd wie eine Schmeißfliege und schwirrte dann in einem weiten Bogen wieder ab. Es war die Polizeistreife,
die an den Fenstern der Leute schnüffeln kam. Die Streifen waren jedoch nicht weiter
schlimm. Schlimm war bloß die Gedankenpolizei.

In Winstons Rücken plapperte die Stimme aus dem Teleschirm noch immer von Roheisen und der Übererfüllung des IX. Dreijahresplans. Der Teleschirm war Sende- und
Empfangsgerät zugleich. Jedes von Winston verursachte Geräusch, das über ein
gedämpftes Flüstern hinausging, würde registriert werden; außerdem konnte er,
solange er in dem von der Metallplatte kontrollierten Sichtfeld blieb, ebenso gut gesehen wie gehört werden. Man konnte natürlich nie wissen, ob man im Augenblick
gerade beobachtet wurde oder nicht. Wie oft oder nach welchem System sich die
Gedankenpolizei in jede Privatleitung einschaltete, darüber ließ sich bloß spekulie-
ren. Es war sogar denkbar, dass sie ständig alle beobachtete. Sie konnte sich jedenfalls
jederzeit in jede Leitung einschalten. Man musste folglich in der Annahme leben
– und tat dies auch aus Gewohnheit, die einem zum Instinkt wurde –, dass jedes
Geräusch, das man verursachte, gehört und, außer bei Dunkelheit, jede Bewegung
beäugt wurde.

Winston kehrte dem Teleschirm weiter den Rücken zu. Es war sicherer so; obgleich,
wie er sehr wohl wusste, selbst ein Rücken verräterisch sein konnte. Einen Kilometer
entfernt türmte sich das Ministerium für Wahrheit, seine Arbeitsstätte, weiß und
gewaltig über der rußigen Landschaft auf. Das also, dachte er mit vagem Abscheu, das
war London, wichtigste Stadt von Landefeld Eins, der am drittstärksten bevölkerten
Provinz Ozeaniens. […]

Das Ministerium für Wahrheit – Miniwahr in Neusprech[1] – unterschied sich verblüf-
fend von allem, was man sonst sah. Es war ein riesiges, pyramidales Gebilde aus
schimmernd-weißem Beton, das, Terrasse auf Terrasse, dreihundert Meter hoch in
die Luft stieg. Von Winstons Standort aus konnte man eben noch die von der weißen
Front in eleganter Schrift farblich abgesetzten drei Parolen der Partei lesen:
KRIEG IST FRIEDEN
FREIHEIT IST SKLAVEREI
UNWISSENHEIT IST STAERKE
[…] Winston drehte sich abrupt um. Er hatte die ruhig-optimistische Miene aufge-
setzt, die man klugerweise vor dem Teleschirm präsentierte. […]

1 Neusprech war die Amts-
   sprache Ozeaniens. […]

Teil 1: Textverständnis
und Sprachgebrauch überprüfen

Diese Kompetenzen sind gefragt

Schreiben Sie die Vorlage zum Kompetenzcheck von der vorderen Umschlagseite dieses
Arbeitsheftes ab und kreuzen Sie an, wie Sie sich einschätzen.

1 *Entscheiden Sie, welche der folgenden Aussagen sich eindeutig aus dem Text ableiten lassen. Markieren Sie die richtigen Aussagen in der Tabelle mit einem r. Beachten Sie, dass in der Prüfung eine falsche Antwort zu Punktabzug führt.*

a) Die Handlung spielt am 13. April.

b) Landefeld Eins liegt in Ozeanien.

c) Im Flur des Wohnhauses von Winston Smith riecht es unangenehm.

d) Die Polizeistreifen kontrollieren die Gedanken der Bürger.

e) Winston Smith ist etwa 45 Jahre alt.

f) Es wurde mehr Roheisen produziert, als geplant war.

g) Auch sehr leise Flüstertöne werden vom Teleschirm gehört.

a)	b)	c)	d)	e)	f)	g)

> **Tipp**
> Die 5-Schritt-Lese-methode, die Sie auf der vorderen Um-schlagklappe dieses Arbeitsheftes finden, hilft Ihnen, den Text zu verstehen.

2 *Belegen Sie die folgenden Aussagen am Text. Notieren Sie die entsprechenden Zeilen.*

Winston Smith ist klein und dünn.	Z.
London gefällt Winston Smith nicht.	Z.

3 *Die Partei wirbt bei ihren Parolen auch mit Gegensätzen wie: KRIEG IST FRIEDEN (Z. 62). Entwerfen Sie weitere Slogans, indem Sie zu den folgenden Begriffen Gegensätze notieren.*

Unglück ist _____

Feigheit ist _____

Demokratie ist _____

4 *Ersetzen Sie die Fremdwörter.*

a) sonore Stimme (Z. 18): _____

b) dominierende Ecke (Z. 31): _____

c) vager Abscheu (Z. 54): _____

5 *Interpretieren Sie diesen Satz: „[Ein Helikopter] schwebte für einen Moment lauernd wie eine Schmeißfliege." (Z. 34 f.)*

a) Notieren Sie, was der in diesem Satz genannte Vergleich bewirkt.

_____

b) Wie wirkt der Satz im Vergleich zu der Formulierung „Ein Helikopter schwebte wie ein Schmetterling"?

_____

6 *Die Handlung spielt an einem strahlend-kalten Apriltag. Notieren Sie drei Textstellen, die deutlich machen, dass es kalt ist. Fügen Sie die jeweilige Zeilenangabe hinzu.*

1. Textstelle: _____

2. Textstelle: _____

_____

3. Textstelle: _____

_____

7 *Bestimmen Sie die Zeitform, in der die folgenden Sätze geschrieben sind.*

a) Es war ein strahlend-kalter Apriltag. (Z. 1) _____

b) An einem Ende hatte man ein Farbplakat an die Wand gepinnt [...] (Z. 5 f.)

_____

c) DER GROSSE BRUDER SIEHT DICH [...] (Z. 16 f.) _____

GUT ZU WISSEN	**Zeitenfolge:**
	Präsens – Perfekt – Präteritum – Plusquamperfekt

Um die zeitliche Abfolge von Ereignissen auszudrücken, nutzt man verschiedene Zeiten. Ist ein Text im Präsens geschrieben, zeigt das **Perfekt** die Vorzeitigkeit an.
Beispiel: *Das Ministerium für Wahrheit **heißt** jetzt Miniwahr. Die Regierung **hat** zuvor eine neue Sprache **eingeführt.***

Wird das Präteritum genutzt, steht das frühere Geschehen im **Plusquamperfekt.**
Beispiel: *Er **betrat** seine Wohnung, nachdem er die Tür **aufgeschlossen hatte.***

Teil 2: Die Schreibaufgabe bewältigen

Situation

In Ihrer Gemeinde wird diskutiert, ob auf einigen zentralen Plätzen Überwachungskameras installiert werden sollen. Überwachung durch einen Staatsapparat ist auch Thema des Romans „1984" von George Orwell, den dieser 1948 verfasst hat. Nachdem Sie den Roman-anfang gelesen haben, beschließen Sie, einen Brief an die Stadtverwaltung zu schreiben, in dem Sie Ihre Position zur Installation von Überwachungskameras deutlich machen. Dabei gehen Sie – unabhängig von Ihrer Position – auch auf den Roman ein.

Aufgabe

Schreiben Sie den Brief an die Stadtverwaltung.

Diese Kompetenzen sind gefragt

Kreuzen Sie an, wie Sie sich einschätzen.

Kompetenzen	Das kann ich sehr gut	Das kann ich	Das kann ich teilweise	Das trainiere ich
einen Romanauszug in Bezug zur eigenen Lebenswelt setzen				
– die Bedeutung des Romanauszugs in Bezug zu einer gesellschaftlichen Situation und zu sich selbst setzen				
– die Hauptaussage des Romanauszugs darlegen				
– den eigenen Standpunkt deutlich machen und begründen				
Zielorientierung, Adressaten- und Situationsbezug berücksichtigen				
– bedenken, warum und mit welchem Ziel geschrieben werden soll				
– klären, wer der Empfänger ist				
– prüfen, aus welcher Situation heraus zu schreiben ist				
– das Anliegen höflich formulieren				
– Anrede und Schlussformel dem Adressaten anpassen				
– eine Lösung des Problems bieten, das sich aus der Situation ergibt				
die Ausarbeitung übersichtlich strukturieren				
– die äußere Form eines Briefes beachten				
– den Grund für das Schreiben des Briefes in der Betreffzeile mitteilen				
– durch Absätze gliedern und sinnvolle Übergänge finden				
die Ausarbeitung im Hinblick auf sprachliche Richtigkeit überarbeiten				
– das Anredepronomen *Sie* und seine Formen großschreiben				

1 *Beschreiben und deuten Sie die Stimmung des vorliegenden Romananfangs.*

_____

_____

2 *Formulieren Sie die Hauptaussage des Romanauszugs.*

_____

3 *Notieren Sie Ihre Position zur Installation von Überwachungskameras.*

_____

4 *Finden Sie Argumente für und gegen die Installation von Überwachungskameras.*

a) Sie diskutieren mit Ihren Freunden über die geplante Installation von Überwachungskameras. Ergänzen Sie die leere Sprechblase, indem Sie eine weitere Äußerung zum Thema hin-
zufügen.

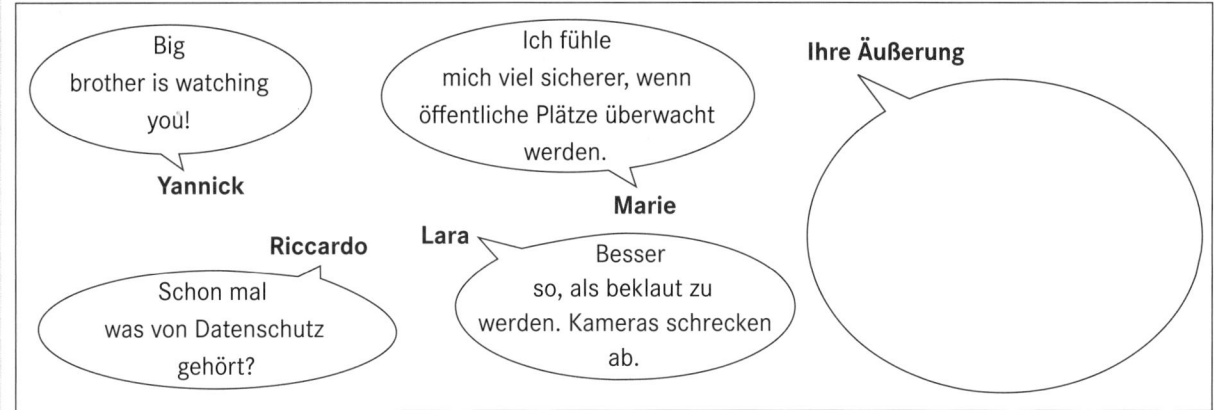

b) Formulieren Sie anhand dieser Äußerungen sachliche Argumente (vgl. GUT ZU WISSEN ,
S. 40).

Beispiel:
Äußerung (Yannick): *Big brother is watching you!*
Argument (Yannick): *Überwachungskameras im öffentlichen Raum führen dazu, dass viele
Menschen sich ständig beobachtet fühlen. Sie sehen Parallelen zum Überwachungsstaat aus
dem Roman „1984" von George Orwell.*

Argument (Marie): _____

_____

Argument (Riccardo): _____

_____

Argument (Lara): _____

_____

Argument (von Ihnen ergänzte Äußerung): _____

_____

c) Notieren Sie am Rand, welche Argumente für beziehungsweise gegen Ihre Position
sprechen.

d) Nummerieren Sie die Argumente nach der Bedeutung, die diese für Sie haben.

5 *Setzen Sie sich mit der Aufgabenstellung auseinander und beantworten Sie die Fragen.*

a) Wer schreibt den Brief? _____

b) Wer ist der Empfänger? _____

c) Was sollte der Empfänger über den Absender wissen? _____

_____

d) Aus welchem Anlass wird der Brief geschrieben? _____

_____

e) Was will der Verfasser erreichen? _____

_____

6 *Gestalten Sie die Betreffzeile.*

a) Markieren Sie die Formulierung, die Sie für die geeignetste halten.

Überwachungskameras! – Anliegen – Ich bin für/gegen die Überwachungskameras. –

Überwachungskameras in … – Sind Überwachungskameras sinnvoll?

b) Begründen Sie Ihre Wahl. _____

_____

_____

7 *Formulieren Sie die Anrede.*

a) Kreuzen Sie die Formulierung an, die am besten passt.

☐ Sehr geehrte Damen und Herren
☐ Verehrte Stadtverwaltung
☐ Liebe Damen und Herren der Stadtverwaltung

b) Begründen Sie Ihre Entscheidung. _____

_____

c) Notieren Sie, welches Satzzeichen nach der Anrede steht. _____

8 *Formulieren Sie einen Schlusssatz.*

a) Kreuzen Sie den Schlusssatz an, der dem Anlass Ihres Schreibens angemessen ist.

☐ Für solch kompetente Angestellte wie Sie ist mein Anliegen sicherlich nachvollziehbar.
☐ In der Hoffnung auf eine positive Reaktion Ihrerseits verbleibe ich mit freundlichen Grüßen
☐ Ich erwarte Ihre Antwort bald.
☐ Ich hoffe sehr, dass meine Ausführungen in den Entscheidungsprozess einbezogen werden.

b) Begründen Sie Ihre Wahl. _____

_____

9 *Markieren Sie eine passende abschließende Grußformel.*

MfG – Mit freundlichen Grüßen – Hochachtungsvoll – Vielen Dank und viele Grüße –

In der Hoffnung auf bessere Zeiten – LG – Viele liebe Grüße

GUT ZU WISSEN	Einen Brief gestalten

Die Adressen des Absenders und des Empfängers, die Angabe von Ort und Datum, die Formulierung des Betreffs sowie die Anrede sind Bestandteile, die sich im ersten Teil des Briefes finden. Achten Sie darauf, dass zwischen Angabe der Straße und des Ortes keine Leerzeile vorgesehen ist und zwischen Ort und Datum ein Komma steht. Falls Sie eine Telefonnummer angeben, wird diese nicht gegliedert. Nach der Vorwahl steht lediglich ein Leerzeichen. Der Betreff wird fett hervorgehoben. Das Wort „Betreff" wird nicht geschrieben.

Beispiel:

Anna Absender   Musterstadt, Datum
Musterstraße 1
12345 Musterstadt
evtl. Telefonnummer
evtl. E-Mail-Adresse

Herrn (Anrede und evtl. Amtsbezeichnung)
Egon Empfänger
Musterstraße 2
56789 Musterdorf

Betreff (Hier wird kurz der Inhalt des Schreibens genannt)

Nach der Anrede führen Sie an, was Sie zu dem Schreiben des Briefes veranlasst hat. Dann folgt Ihre Position zu dem Sachverhalt und gegebenenfalls legen Sie Ihre Lösungsvorschläge dar. Ihre Interessen formulieren Sie überzeugend, den Brief gestalten Sie übersichtlich. Zum Schluss runden Sie die Thematik ab …

… und schließen mit einem Gruß.

Die Schreibaufgabe lösen

1 *Erstellen Sie zunächst einen Schreibplan (siehe hintere Umschlagklappe dieses Arbeitsheftes).*

2 *Schreiben Sie den Brief. Nehmen Sie Bezug auf den Romanauszug. Beschränken Sie sich auf zwei Seiten.*

So schätze ich mich jetzt ein

Füllen Sie die beiden Kompetenzchecks erneut aus. Können Sie Veränderungen im Vergleich zum letzten Mal feststellen?

Tipp
Denken Sie daran, Ihre Ausarbeitung zum Schluss zu überprüfen. Berücksichtigen Sie dabei den Check zur Textrevision auf der hinteren Umschlagklappe.

Hörverstehen üben

Das Hörverstehen verlangt etwas Übung. Wenn Sie jedoch die Anmerkungen und Tipps aus Kapitel 1 beachten (siehe S. 6/7) und mit verschiedenen Hörtexten trainieren, wird es Ihnen schon bald nicht mehr schwerfallen, mit Hörtexten umzugehen.

In diesem Extra-Kapitel werden Ihnen drei Radiobeiträge angeboten, um das Hörverstehen zu trainieren. Die Audiodatei finden Sie unter **www.cornelsen.de.** Gehen Sie oben rechts auf **Webcode.** Geben Sie dann in das Eingabefeld diesen Webcode ein: **AH-BS-BW.**

Die drei Radiobeiträge steigern sich, was den Schwierigkeitsgrad angeht.

HV A (einfach): *Karin Lamsfuß: Immer die 110 oder 112 wählen*

(Deutschlandfunk, 3:50 Minuten)

Wenn jemand in Not geraten ist, sind auch zufällig vorbeikommende Passanten zur Hilfeleistung verpflichtet. Was man im Ernstfall tun kann und welche Konsequenzen zu erwarten sind, wenn man etwas falsch gemacht hat, davon handelt dieser Beitrag.

HV B (mittel): *Dieter Nürnberger: Kaputte Geräte – reparieren oder wegwerfen?*

(Deutschlandfunk, 3:50 Minuten)

Sollen kaputte Haushaltsgeräte repariert oder verschrottet werden? Der Text stellt dazu eine Untersuchung der Stiftung Warentest in Berlin vor.

HV C (schwierig): *Maren Schubart: Bildungsexportweltmeister Deutschland?*

(detektor.fm, 5:53 Minuten)

Die duale Ausbildung ist nicht nur in Deutschland anerkannt. Die Bundesregierung wirbt mit diesem Ausbildungskonzept im Ausland. Viele Länder ahmen inzwischen diese Ausbildungsform nach, viele deutsche Unternehmen lernen so im Ausland Fachkräfte an.

---

für HV A, HV B, HV C

Aufgaben vor dem Hören

1 *Aktivieren Sie Ihr Vorwissen und notieren Sie drei bis fünf Stichworte zum Thema des jeweiligen Hörtextes.*

2 *Formulieren Sie – ausgehend von der oben angeführten Kurzbeschreibung – in einem Satz, welche Problematik der Radiobeitrag ansprechen könnte.*

> **Tipp**
> Halten Sie Papier für Ihre Notizen bereit oder schreiben Sie in Ihr Heft.

für HV A, HV B, HV C

Aufgaben während des Hörens

1 *Machen Sie sich Notizen zu den Rahmenbedingungen des Beitrags (Thema, Ort, Zeit, Personen ...)*

2 *Notieren Sie Schlüssel- oder Signalwörter aus dem jeweiligen Beitrag.*

für HV A

Aufgabe während des Hörens

1 *Entscheiden Sie, welche der folgenden Aussagen des Radiobeitrags richtig sind. Markieren Sie die richtigen Aussagen in der Tabelle mit einem r. Beachten Sie, dass in der Prüfung eine falsche Antwort zu Punktabzug führt.*

a) Unterlassene Hilfeleistung kann mit einer Haftstrafe von bis zu einem Jahr bestraft werden.

b) Als Ersthelfer ist es besser, nichts zu unternehmen, als etwas Falsches zu tun.

c) Auch ohne medizinische Kenntnisse kann man im Notfall Hilfe leisten.

d) Niemand sollte sich selbst beim Helfen in Gefahr bringen.

e) Erste Hilfe ist versicherungstechnisch nicht abgedeckt. Wer einen Fehler macht, haftet.

a)	b)	c)	d)	e)

Aufgabe während des Hörens   für HV B

1 *Entscheiden Sie, welche der folgenden Aussagen über den Radiobeitrag Sie für richtig halten. Markieren Sie die richtigen Aussagen in der Tabelle mit einem r. Beachten Sie, dass in der Prüfung eine falsche Antwort zu Punktabzug führt.*

Der Radiobeitrag

a) berichtet über Testergebnisse der Stiftung Warentest,

b) kritisiert die mangelnde Information auf Internetseiten,

c) wirbt für die Reparaturcafés in Deutschland,

d) empfiehlt, immer den Werkskundendienst zu holen,

e) kritisiert die Leistungen der Kundendienste.

a)	b)	c)	d)	e)

Aufgaben während des Hörens   für HV C

1 *Der Radiobeitrag spricht die Vorteile des dualen Ausbildungssystems an. Notieren Sie drei im Beitrag genannte Vorteile.*

Vorteil 1: _____

Vorteil 2: _____

Vorteil 3: _____

2 *Welchen Vorteil hat die Bundesregierung politisch von der Verbreitung der dualen Ausbildung im Ausland? Notieren Sie einen Aspekt.*

_____

Aufgaben nach dem Hören   für HV A, HV B, HV C

1 *Überprüfen und überarbeiten Sie Ihre Notizen auf Vollständigkeit und inhaltliche Richtigkeit.*

2 *Fassen Sie in drei Sätzen den Inhalt zusammen.*

3 *Formulieren Sie in wenigen Sätzen Ihre eigene Meinung zur jeweiligen Textaussage.*

Richtig schreiben

Ausgehend von verschiedenen Situationen führen Sie in den einzelnen Kapiteln dieses Arbeitsheftes Arbeitsaufträge aus und halten Ihre Ergebnisse schriftlich fest. Ihre Ausarbeitungen gilt es auch, hinsichtlich der Rechtschreibung und Zeichensetzung zu überprüfen. Es ist hilfreich, wenn Sie Ihre bisherigen Fehlerquellen analysieren und so Ihre Fehlerschwerpunkte kennenlernen. Auf dieser Grundlage können Sie ganz gezielt an Ihren eigenen sprachlichen Schwächen arbeiten und zukünftig Fehler vermeiden.

Tipp
Wie Sie mit dem Wörterbuch arbeiten, erfahren Sie auf der inneren Umschlagseite hinten.

Diese Kompetenzen sind gefragt

Kreuzen Sie an, wie Sie sich einschätzen.

Kompetenzen	Das kann ich sehr gut	Das kann ich	Das kann ich teilweise	Das trainiere ich
Fehler erkennen und korrigieren				
– ein Wörterbuch einsetzen				
– die Rechtschreibprüfung am Computer nutzen				
– eigene Fehlerschwerpunkte erkennen				
– einen Diagnosebogen nutzen				
– die richtige Schreibweise begründen				
– eigene Texte verbessern				
wichtige Regeln der Rechtschreibung beachten				
– Groß- und Kleinschreibung:				
– Satzanfänge				
– Nomen und Eigennamen				
– Nominalisierungen				
– höfliche Anrede				
– Tageszeiten, Wochentage				
– Schreibung von *das* und *dass*				
Rechtschreibstrategien anwenden				
– sprechschwingend schreiben				
– Wörter verlängern				
– Wörter ableiten				
– Wortbausteine richtig schreiben				
– Regelwissen anwenden				

Eigene Fehlerschwerpunkte erkennen

Tipp
Hilfestellung bei der Zeichensetzung finden Sie in GUT ZU WISSEN auf Seite 52.

1 *Analysieren Sie Ihre Fehler.*

a) Untersuchen Sie die Korrekturen und Rückmeldungen zu den letzten Tests, Klassenarbeiten, Hausaufgaben o. Ä.

b) Tragen Sie Ihre Fehler in die entsprechende Spalte der Diagnose-Tabelle ein.

Fehlerbereich	Anzahl der Fehler
Rechtschreibung	
Groß- und Kleinschreibung:	
– Satzanfänge *(**A**m Satzanfang schreibt man groß.)*	
– Nomen und Eigennamen *(das **H**aus, **A**nna)*	
– Nominalisierungen *(aufs **N**eue, das **S**chreiben)*	
– höfliche Anrede *(**S**ie, **I**hr, **I**hnen ...)*	
– Tageszeiten, Wochentage *(**h**eute **A**bend, **a**bends, am **M**ontagmorgen, **m**ontags)*	
Schreibung von *das* und *dass* *(**Dass** die Anforderungen gewachsen sind, **das** kann niemand bestreiten.)*	
Schreibung des s-Lauts *(die Na**s**e, der Flu**ss**, der Fu**ß**)*	
Schreibung des kurzen und langen i-Lauts *(w**ie**der, der W**i**dder, w**i**der, die Masch**i**ne)*	
Zusammen-/Getrenntschreibung *(Die Prüfung ist ihm **schwergefallen.** Er ist auf der Treppe **schwer gefallen.**)*	
Fremdwörter/Fachbegriffe *(die Hygiene, das Feedback, parallel ...)*	
sonstige Wörter, die mir schwerfallen	
Zeichensetzung	

Rechtschreibstrategien anwenden

1 *Überprüfen Sie Ihr Vorwissen. Notieren Sie Strategien, die Sie kennen.*

_____

_____

_____

Sprechschwingend schreiben

Manche Wörter schreibt man so, wie man sie ausspricht. Dabei ist es hilfreich, Silbe für Silbe des Wortes zu sprechen.

Beispiele: ge – sche – hen   zu – sam – men – fas – sen

1 *Sprechen Sie die Wörter laut Silbe für Silbe und fügen Sie Trennstriche zwischen den Silben ein.*

kommentieren – Krepppapier – Gesellschaft – bekümmert – Kontrolle – Kunststoff

Wörter verlängern

Konsonanten klingen bisweilen ähnlich. Durch das Verlängern des Wortes wird deutlich, ob man d oder t, b oder p, g oder k schreibt.
Beispiele: *der Ran**d** – die Rän**d**er   er glau**b**t – glau**b**en   kar**g** – eine kar**g**e Landschaft*

1 *Notieren Sie die fehlenden Buchstaben, indem Sie die Wörter oder Wortteile verlängern.*

a) Ergänzen Sie d oder t, b oder p, g oder k.
b) Schreiben Sie die Verlängerungen in die Klammer.

Verban____ (_____), Schul____ (_____),

Logisti____ (_____), en____gültig (_____),

passen____ (_____), Standar____ (_____),

Kontoauszu____ (_____), Magne____ (_____),

plum____ (_____), Akkor____ (_____)

2 *Manchmal erkennt man die Bedeutung eines Wortes nur an der Endung. Erklären Sie die unterschiedliche Schreibweise der Verben im Präteritum: Er sang ein Lied. Das Schiff sank.*

Wörter ableiten

Durch das Ableiten von Wörtern lassen sich Zweifel im Hinblick auf die Rechtschreibung ausräumen. So wird z. B. deutlich, ob ä/e oder äu/eu geschrieben wird. Findet sich ein verwandtes Wort mit a oder au, wird ä oder äu geschrieben. Gibt es kein verwandtes Wort mit a oder au, schreibt man e oder eu.
Beispiele: *der Apfel f**ä**llt vom Baum – f**a**llen; aber: der Azubi f**eh**lt im Unterricht – f**eh**len*

1 *Streichen Sie den falschen Buchstaben durch und notieren Sie ein verwandtes Wort, von dem Sie auf die Schreibweise schließen.*

we/ächst – _____, tre/ägt – _____,

beme/ängeln – _____, schwe/ätzen – _____,

Seu/äure – _____, Se/äle – _____

Wortbausteine richtig schreiben

Viele Wörter sind aus mehreren Teilen zusammengesetzt, dem Wortstamm und anderen Wortbausteinen. Den Wortstamm schreibt man in der Regel gleich.
Beispiel: Wortstamm *fühl*: Ge**fühl**; **fühl**en, ge**fühl**skalt

1 *Notieren Sie weitere Wörter mit dem Wortstamm „fühl".*

_____

_____

2 *Notieren Sie passende Wörter um die Wortstämme.*

_____   _____

_____   _____   _____   _____

   leeren   **leer**   **lehr**   Lehrling

_____   _____   _____   _____

3 *Erläutern Sie den Unterschied zwischen Lehrstelle und Leerstelle.*

_____

_____

Regelwissen anwenden

In den vorigen Kapiteln haben Sie bereits Tipps zur Rechtschreibung erhalten. Hier finden Sie weitere Regeln und Hinweise, die Sie kennen sollten:
Regel 1: Wörter mit einem langen Vokal vor l, m, n und r schreibt man oft mit einem Dehnungs-h.
Beispiele: *der L**oh**n*   *bez**ah**len*   *die Stuhl**leh**ne*

Regel 2: Wörter mit kurzem i-Laut (vor zwei Konsonanten oder Doppelkonsonanten) schreibt man häufig mit i, Wörter mit langem i-Laut mit ie. Es gibt jedoch viele Ausnahmen.
Beispiele: *w**ie**der* (Bedeutung: *noch einmal*)   *w**i**der* (Bedeutung: *dagegen*) *der W**i**dder*   *das B**i**ld*   *die Masch**i**ne* (Lehnwort aus dem Französischen: *la machine*)

Regel 3: Nach einem kurzen Vokal steht ss. Nach einem langen Vokal steht ß (stimmlos) oder s (stimmhaft). Das s nach langem Vokal bleibt bei allen Wörtern einer Wortfamilie bestehen.
Beispiele: *die Na**s**e*   *die Stra**ß**e*   *der Ku**ss***   *bew**eis**en / der Bew**eis***

Regel 4: Wortgruppen mit *sein* schreibt man immer getrennt.
Beispiele: *da sein*   *dabei sein*   *aus sein*

Regel 5: Ergibt sich durch die Verbindung von Adjektiv und Verb eine neue Gesamtbedeutung, schreibt man zusammen.
Beispiel: *Die Prüfung ist ihm **schwergefallen**. Aber: Er ist gestern **schwer gefallen**.*

Textquellen: S. 13–14: Kuhlmann, Susanne: Mietwagen und Carsharing – Fahranfänger nur eingeschränkt willkommen. Aus: http://www.deutschlandfunk.de/mietwagen-und-carsharing-fahranfaenger-nur-eingeschraenkt.735.de.html?dram:article_id=377736; **S. 15–16:** Brockmann, Bärbel: Es schlägt die Stunde der Schwächeren. In: Süddeutsche Zeitung, 09.02.2017, http://www.sueddeutsche.de/karriere/job-es-schlaegt-die-stunde-der-schwaecheren-1.3341832; **S. 23–24:** Wadhawan, Julia: „Wir müssen aufhören, unsere Identität nur in der Arbeit zu suchen". In: jetzt.de, 31.03.2017, http://www.jetzt.de/arbeitsleben/interview-mit-tatjana-schnell-professorin-fuer-persoenlichkeitspsychologie; **S. 31–32:** Öchsner, Thomas: Ihr von morgen. In: Süddeutsche Zeitung, 03.02.2017; **S. 41–42:** Martin-Jung, Helmut: Angst vor Technik ist irrational. In: Süddeutsche Zeitung, 14.04.2017, http://www.sueddeutsche.de/wirtschaft/kommentar-menschlich-allzu-menschlich-1.3460375; **S. 49–50:** Birkholz, Jörn: Zug um Zug (leicht verändert). In: Krautgarten, Nr. 64, Juni 2014, S. 36; **S. 57–59:** Schulz, Marlene: No discussion. In: Karussell. Bergische Zeitschrift für Literatur, Ausgabe 5, November 2016, S. 100ff.; **S. 65–67:** Kästner, Erich: Das Märchen vom Glück. In: E. K.: Der tägliche Kram. Chansons und Prosa 1945–1948. Zürich: Atrium 2016, S. 187ff.; **S. 74–75:** Orwell, George: 1984 (Auszug). Berlin: Ullstein Buchverlage, 40. Auflage 2017, S. 7ff.

Audioquellen: S. 13–14: Kuhlmann, Susanne: Mietwagen und Carsharing – Fahranfänger nur eingeschränkt willkommen. Eine Aufnahme des Deutschlandfunks; **S. 82–83:** Lamsfuß, Karin: Immer die 110 oder 112 wählen. Eine Aufnahme des Deutschlandfunks; Nürnberger, Dieter: Kaputte Geräte – reparieren oder wegwerfen? Eine Aufnahme des Deutschlandfunks; Schubart, Maren: Bildungsexportweltmeister Deutschland? Eine Aufnahme von Detektor.fm.

Bildquellen: S. 16: Shutterstock/goodluz; **S. 31:** dpa Picture-Alliance/Alessandra Schellnegger; **S. 32 und 33:** SZ-Grafik, Quelle: Deutsches Kinderhilfswerk; **S. 49:** Shutterstock/Cebas; **S. 65:** dpa/Süddeutsche Zeitung Photo; **S. 74:** picture alliance/Everett Collection

In diesem Arbeitsheft wird in den Formulierungen auf geschlechtergerechte Sprache geachtet. Wenn nur eine grammatische Form verwendet wurde, dient dies der besseren Lesbarkeit.

Projektleitung: Uta Kural
Redaktion: der springende punkt / Eva Hauck, Berlin
Bildrecherche: der springende punkt / Eva Hauck, Berlin
Umschlaggestaltung: EYES-OPEN, Berlin
Titelfoto: Shutterstock/Oliver Le Moal
Gestaltung: LemmeDESIGN, Berlin

www.cornelsen.de

1. Auflage, 9. Druck 2025

© 2017 Cornelsen Verlag GmbH, Mecklenburgische Str. 53, 14197 Berlin, E-Mail: service@cornelsen.de

Druck: Athesiadruck GmbH, Bozen

ISBN: 978-3-06-451162-0

PEFC-zertifiziert
Dieses Produkt stammt aus nachhaltig bewirtschafteten Wäldern und kontrollierten Quellen
PEFC/18-31-166 www.pefc.de